Visita de médico

Coleção Filosofia Clínica
Coordenador: Hélio Strassburger

Comissão editorial:
Cláudio Fernandes – Filósofo clínico / SP
Gláucia Tittanegro – Filósofa clínica / SP
Gustavo Bertoche – Filósofo clínico / RJ
Ildo Meyer – Filósofo clínico / RS
Miguel Ângelo Caruso – Filósofo clínico / MG
Rosângela Rossi – Filósofa clínica / MG
Sandra Veroneze – Filósofa clínica / RS

– *Ser terapeuta*
Rosângela Rossi

– *Visita de médico – Uma aproximação entre filosofia clínica e medicina*
Ildo Meyer

Dados Internacionais de Catalogação na Publicação (CIP)
(Câmara Brasileira do Livro, SP, Brasil)

Meyer, Ildo
  Visita de médico : uma aproximação entre a filosofia clínica
e medicina / Ildo Meyer. – Petrópolis, RJ : Vozes, 2016. –
(Coleção Filosofia Clínica)

  Bibliografia.
  ISBN 978-85-326-5220-1

  1. Filosofia 2. Filosofia clínica 3. Medicina
4. Medicina – Filosofia I. Título. II. Série.

16-00325   CDD-610

Índices para catálogo sistemático:

1. Filosofia clínica : Medicina   610

Ildo Meyer

Visita de médico

Uma aproximação entre
filosofia clínica e medicina

EDITORA
VOZES

Petrópolis

© 2016, Editora Vozes Ltda.
Rua Frei Luís, 100
25689-900 Petrópolis, RJ
www.vozes.com.br
Brasil

Todos os direitos reservados. Nenhuma parte desta obra poderá ser reproduzida ou transmitida por qualquer forma e/ou quaisquer meios (eletrônico ou mecânico, incluindo fotocópia e gravação) ou arquivada em qualquer sistema ou banco de dados sem permissão escrita da editora.

Diretor editorial
Frei Antônio Moser

Editores
Aline dos Santos Carneiro
José Maria da Silva
Lídio Peretti
Marilac Loraine Oleniki

Secretário executivo
João Batista Kreuch

Editoração: Maria da Conceição B. de Sousa
Diagramação: Sandra Bretz
Capa: WM design

ISBN 978-85-326-5220-1

Editado conforme o novo acordo ortográfico.

Este livro foi composto e impresso pela Editora Vozes Ltda.

Para o Dr. Meyer, médico alergista, meu pai.

No segundo ano da Faculdade de Medicina você me levou para trabalhar em sua clínica. Foi meu primeiro emprego formal. Ensinou-me a realizar testes e dessensibilização alérgica sob sua supervisão. Ali comecei a fazer contato com todos os tipos de pacientes. Pessoas em geral angustiadas, com necessidade urgente de melhorar a coceira na pele, a obstrução nasal ou a falta de ar nos pulmões.

O tratamento era apenas sintomático, pois naquela época, há quarenta anos, a medicina engatinhava em termos de conhecimento e tecnologia. Quando não se tinha uma ideia clara do que estava ocorrendo com um paciente, atribuía-se a culpa dos sintomas à alergia, uma entidade desconhecida e por isso mesmo, suscetível a qualquer tipo de injúria. Você não era apenas um médico receitador de antialérgicos e corticoides, foi preciso ser muito mais, foi preciso ir além da medicina. Pacientes e familiares sabiam que a medicação aliviaria os sintomas, mas em breve, os mesmos retornariam, às vezes, com maior intensidade. Era muito comum criticarem o médico dizendo que o tratamento havia funcionado apenas por alguns dias ou semanas.

No início, aquelas reclamações me incomodavam, pois como estudante estagiário, esperava que os pacientes ficassem curados e satisfeitos logo depois da primeira consulta. E você continuava serenamente fazendo seu papel de médico, dando esperança, encorajando, estimulando os pacientes a realizarem o demorado tratamento com vacinas dessensibilizantes, na expectativa de que as crises sumissem, se tornassem mais espaçadas ou enfraquecidas.

Como muitos episódios eram desencadeados por problemas emocionais, intuitivamente, dentro de suas possibilidades, você também fazia o papel de terapeuta psicológico. Assim, cedo aprendi a arte de fazer medicina sem curar os pacientes. Acompanhá-los e ampará-los em seus flagelos existenciais era nossa missão. Alguns aprenderam a conviver e administrar bem os sintomas, muitos esqueceram que um dia foram alérgicos.

Agora foi sua vez de se tornar paciente. Uma doença terminal jogou-o em cima de uma cama, entupiu seus alvéolos e o deixou sem fôlego para os mínimos esforços. Até para mastigar sente dificuldade. Necessita oxigênio contínuo e cuidados permanentes. A par de todo esse sofrimento, encontra-se totalmente lúcido.

Grande parte deste livro foi escrita ao seu lado, vivenciando cada momento de sua dor. Um médico que até pouco tempo estava clinicando, sabe exatamente seu diagnóstico, prognóstico e sente a cada dia suas forças se esvaindo. Meu pai, você continua me educando, só que agora, em recíproca de inversão, estou aprendendo a sentir o sofrimento de quem padece. Quando jovem, ensinou-me a confortar e medicar; nesse momento de sua vida, está me ensinando a chorar e conviver com a dor.

Quando os sintomas surgiram e, rapidamente progrediram, enxergava meu pai descendo ladeira abaixo. Agora, mais tranquilo, já o vejo subindo uma escada para o céu. Cada dia sobe um degrau. Às vezes, sente falta de ar, senta, olha para cima, para baixo, para os lados, descansa por uns dias, e segue sua caminhada. Cada dia que passa, está mais alto, mas ainda conseguimos conversar bem. Tem dias que até conseguimos esquecer que está doente. Sugeriu-me, inclusive, um outro título para o livro: *Não sei nada sobre a doença, nem sobre você*.

Pode ser que um dia você se desequilibre e caia da escada, mas pode ter certeza de que um anjo vai aparecer, segurar em seus braços e levá-lo direto para o céu.

Obrigado, meu pai, este livro é para você.

PS – Infelizmente, quando da edição deste livro, meu pai já não estava mais nesta esfera terrena. Mas a vida é assim mesmo: nascemos, crescemos, vivemos e um dia vamos embora. O importante é saber que não estivemos aqui em vão.

Sumário

Apresentação, 11

Introdução, 13

1 Meu encontro com a filosofia clínica, 23

2 O "caroço" de Pedro, 31

3 Curandeiros, terapeutas, filósofos, médicos, 69

4 Corporeidade, 78

5 Singularidade, 94

6 Alteridade, 104

7 Anotações sobre doenças, pacientes, remédios, 115

8 Interseções do corpo com seu mundo, 123

9 Acolher, cuidar, amparar, 132

10 Adormecer o corpo, acordar a alma, 145

11 Visita de médico, 159

Agradecimento, 167

Indicações de leitura, 169

Apresentação

Este texto, de um terapeuta sensível, talentoso, especialista em filosofia clínica, introduz um tema desmerecido nas escolas de medicina, na prática clínica: a busca por humanizar o convívio médico, em seus múltiplos desdobramentos. Seu olhar investigativo, crítico, reflexivo destaca as interseções do papel existencial cuidador.

Oriundo de uma tradicional família de médicos, Ildo Meyer compartilha percepções sobre o cotidiano, as ações para qualificar seu exercício e, nesta obra, descreve, reconstrói, ensina a partir de uma vasta experiência médica. Seus escritos propõem uma aproximação diferenciada com o fenômeno humano ao destacar a singularidade médica na relação com a singularidade pessoa.

Assim o escritor revela, num teor quase didático, alguns instantes dos atendimentos: as dificuldades, os desafios, as partilhas. Seu texto contém aspectos sobre a historicidade da medicina, como: a formação, pesquisa, residência, a indústria farmacológica. Os desafios, as cobranças (muitas vezes implacáveis) da sociedade, os méritos e alegrias da profissão, o convívio com colegas, o espaço institucional.

Ildo Meyer destaca o papel da filosofia clínica como um ingrediente de aprendizado e qualificação em sua maturidade. A fundamentação teórica e prática, seu desenvolvimento em viagens de estudo, colóquios, encontros regionais, nacionais. A partir de seu mundo como representação, e, inconformado com a ideia de um ponto-final em seus estudos, descreve seu encontro com a nova abordagem, o significado em sua vida.

Trata a contradição entre uma medicina de essência tecnicista com as propostas da medicina humanista. Deseja ampliar as referências de acolhimento, ética, carinho e respeito para com a condição humana em seus momentos de dor e sofrimento. Nesse começo de conversa, se expressa um saber com sabor de quero mais. Um agradável encontro entre filosofia clínica e medicina. Reflexões sobre a importância de uma formação continuada. A coragem de se reinventar, para além dos labirintos da especialidade.

Estas páginas convidam a repensar o exercício do ser terapeuta. Neste segundo volume da Coleção Filosofia Clínica, buscamos contribuir com a conversação inter e transdisciplinar. Oferecer um convívio aprendiz de trocas e construções compartilhadas de maior alcance.

Desejamos um saber com mais sabor!

Hélio Strassburger
Casa da Filosofia Clínica

Introdução

Querido leitor,

Geralmente os livros clássicos de filosofia são recheados de textos pesados, longos e difíceis de compreender. Exigem bastante esforço e a maioria das pessoas desiste logo nas primeiras páginas. Os livros acadêmicos de medicina também não fogem a essa regra. Exigem atenção, foco e dedicação, cansando os leitores menos concentrados.

Juntar as duas disciplinas, com suas linguagens e termos específicos em um só livro, não é apenas colocar uma ao lado da outra. Nem sempre filosofia e medicina vão falar a mesma língua. A dificuldade de comunicação cresce de maneira exponencial.

O objetivo deste livro é proporcionar um diálogo entre filosofia clínica e medicina. Para tanto, procurei fazer uma espécie de tradução, escrevendo os textos em uma linguagem coloquial e palatável, para que médicos, filósofos, pacientes e quantos mais se interessarem, possam convergir e, se possível, não desistir da leitura na primeira dificuldade.

Mesmo assim, apesar de todo meu esforço, alguns parágrafos poderão ficar maçantes à leitura inicial. Sugiro encarar essas linhas de difícil compreensão como se fossem aqueles pacientes complicados de obter uma história clínica. Todo o vigor deve ser empregado para a busca pela interseção e o partilhamento das ideias. Se necessário, leia de novo, repita a leitura sem pressa. Tanto o texto como os pacientes apreciarão sua atenção especial.

Imagine a seguinte situação hipotética: você acabou de contratar um convênio privado de saúde e receber a nova carteirinha. Junto com ela, um pacote bem montado, recheado com diversos extras e muitas recomendações de saúde. O plano não possui carência para consultas e você pode começar a utilizar seus benefícios imediatamente. Sua pressão arterial nos últimos meses encontra-se elevada e você tem se sentido sem fôlego e um pouco desanimado. Chegou a oportunidade de consultar um cardiologista. Cheio de expectativas, você liga para um dos médicos listados no caderno do convênio e agenda um horário para a semana seguinte.

Na data e hora marcada você vai ao consultório e encontra uma sala de espera cheia de outros clientes, justo na hora que teoricamente seria dedicada a você. Conversa com a secretária que lhe comunica que as consultas estão com um pouco de atraso. Você senta, levanta, pega uma revista, toma um copo de água. Entra um, sai outro e nada. Alguns já estão começando a reclamar da demora. Já impaciente, não entendendo o que pode estar acontecendo, abre um sorriso quando seu nome é chamado com mais de uma hora de atraso.

Ao entrar no consultório com sua lista de dúvidas, ouve meia dúzia de perguntas do médico, senta na maca, mede a pressão e sai de lá mudo com cinco guias de solicitação de exames após menos de 15 minutos de consulta. Ao dar-se conta, já está fora do consultório, sem saber muito bem o que ocorreu.

Nem sempre a consulta médica foi realizada dessa maneira acelerada e impessoal. A expressão popular "visita de médico", referindo-se a aparição e desaparecimento meteóricos dos doutores não foi cunhada por acaso. Motivos existem para a pressa e atrasos no atendimento, e nem sempre são de ordem política ou econômica. Proponho nas próximas linhas uma discussão conceitual e filosófica, partindo da formação dos profissionais de saúde e buscando uma aproximação que contemple um bem-viver entre médicos, pacientes, familiares, hospitais, planos de saúde e indústrias afins. Difícil, mas não impossível.

Desde o início dos tempos, o alívio do sofrimento humano foi realizado por três categorias de atendentes:

1) Pajés, curandeiros, parteiras, barbeiros, terapeutas, médicos – Cuidavam de aliviar a dor física e o sofrimento através de poções, ervas, plantas, chás, medicações.

2) Sacerdotes – Considerados mediadores entre homens e deuses, promoviam a conformação e aceitação da doença, e quando não restava mais esperança, agenciavam a boa ventura da alma.

3) Filósofos – Amparavam os enfermos trazendo-lhes serenidade para encontrar maneiras de conviver com doenças incuráveis.

Hipócrates, considerado o pai da medicina, não por coincidência, era médico, filósofo e sacerdote no Templo de Esculápio (deus da cura e da medicina). Dizia o filósofo: a arte da medicina está em observar. Pregava ainda que a fama de um médico dependia muito mais de sua capacidade de fazer prognósticos, que diagnósticos. Queria ensinar aos colegas que ao paciente interessa mais saber o que lhe acontecerá nos dias seguintes do que o nome de sua doença.

Assim como nossos ancestrais, caçadores coletores, aprenderam a reconhecer pegadas na lama, galhos quebrados nas árvores, excrementos no chão, odores, sons, tufos de penas e presas caídas nas matas, e, a partir desses dados, rapidamente interpretavam e imaginavam o animal que estava por perto, Hipócrates também aprendeu a observar atentamente os sinais e sintomas dos pacientes para chegar a um diagnóstico. Foi na Grécia antiga que esse tipo de raciocínio lógico, baseado no registro minucioso de indícios, sintomas e sinais foi utilizado pela primeira vez para se chegar ao entendimento e diagnóstico das doenças.

Antes disso, a medicina, um conhecimento indiciário, baseado em conjecturas e hipóteses diagnósticas, era plena de dúvidas, incertezas e inevitáveis equívocos. Era preciso melhorar o índice de acertos. Numa tentativa de evolução, progresso e eliminação de erros, a física newtoniana, associada à filosofia cartesiana, introduziu os conceitos de "rigorismo" e "quantificação" na medicina.

As doenças passaram a ser catalogadas e codificadas em várias classificações. Atualmente existe uma publicação referendada pela Organização Mundial de Saúde, conhecida como CID-10 (Classificação Internacional de Doenças). Doenças mentais ganharam uma classificação própria, a

DSM (Manual Diagnóstico e Estatístico de Transtornos Mentais), encontrando-se atualmente em sua quinta edição revisada e atualizada, cada vez com novas categorias e subdivisões de morbidades.

Classificações são importantes para a ciência como recurso metodológico; constituem uma tentativa dos pesquisadores em decifrar a linguagem do universo. Claude Lévi-Strauss, antropólogo e filósofo francês, dizia: "não podemos suportar a confusão: devemos, não apenas para viver, mas até para pensar, introduzir as diferenças e classificar". Segundo ele, os homens são menos ávidos de crenças do que de classificações.

Tal padronização das doenças foi um avanço científico incalculável, no entanto, do ponto de vista filosófico, foi comparado pelo filósofo Michel Foucault a uma horta, onde as espécies de doenças são divididas em compartimentos, ou numa outra comparação, mais polida, a um laboratório botânico para a contemplação das espécies, onde o ser humano como um todo foi alienado.

Eric Cassell, professor americano, emérito em saúde pública, também critica a visão estática dessa classificação, dizendo ser "a patologia uma parte da doença, e que não são os corpos que adoecem e sim as pessoas".

Do ponto de vista filosófico, não basta classificar as doenças e colocá-las num organograma, pois em cada um, a mesma doença pode assumir características diferentes. A medicina, sendo uma ciência humana, eminentemente qualitativa não deveria ser meramente enquadrada em uma hierarquia de patologias. O método é importante, mas não deve ser utilizado para aprisionar, e, sim, para libertar.

Uma abordagem totalmente mecânica do cuidado médico pode induzir o profissional a se tornar um simples técnico, interpretador de signos numéricos e gráficos, fornecendo uma visão fragmentada, não raras vezes, equivocada do ser humano diante de si. É como se o corpo emitisse sinais e o médico-computador os decodificasse. A relação médico-paciente vai se transformando em uma relação médico-exames-tabelas, tornando a pessoa uma quase abstração.

A ciência é objetiva, experimental, quantitativa, mas a experiência de adoecer é sensorial e qualitativa. Não há descrição física, por mais pormenorizada, capaz de capturar o interior da mente de uma pessoa, ou seja, é praticamente impossível reduzir o mental ao físico. Numa linguagem mais filosófica, só vai fazer sentido se for sentido.

A experiência demonstra que, à medida que o médico vai conhecendo seu paciente, fica cada vez mais difícil enquadrá-lo numa tabela como o CID-10 ou o DSM. Em outras palavras, é muito mais fácil encaixar o paciente em uma classificação na primeira entrevista. Depois disso, quando se sabe significativamente mais sobre a pessoa que está ao seu lado, aparecem outros dados e contextos que provavelmente desconstruirão a catalogação inicial.

Segundo Franklin Cunha, médico e escritor gaúcho, ninguém aprende o ofício de "diagnosticador" na universidade ou em manuais, porque esse tipo de conhecimento é constituído de elementos imponderáveis e individuais: faro, golpe de vista, intuição, olho clínico. Médicos, caçadores e detetives dominam bem estas ferramentas. Sherlock Holmes era o personagem de um arguto detetive que empregava o saber indiciário acrescido de grande capacidade de intuição para identificar criminosos e desvendar crimes insolúveis. Essa era sua diferença com o personagem do Dr. Watson, o qual raciocinava pelo elementar paradigma cartesiano. Watson restringia-se ao método, Holmes ia além, subjetivava-o.

O diagnóstico de uma doença é como uma tarefa sherlockiana. Cada paciente fornece uma série de sinais e sintomas exclusivos. Eles precisam ser interpretados para se chegar a um diagnóstico. O paciente vai contando uma história, mostrando algumas pistas, deixando alguns sinais para maior investigação. Como um bom detetive, o médico escuta, reúne subsídios, busca uma solução caminhando do mais simples (queixa do paciente) ao mais complexo (produção da doença), acabando por descobrir aquele "elementar, meu caro Watson", que só se apresenta a quem tem olhos para ver. Cada caso é um caso.

O médico vai sendo desafiado todo instante a entrar no mundo do paciente e conhecê-lo. Pode perceber, por exemplo, que a dor referida não coincide com o local da lesão, que não existe ferida alguma que justifique aquele pranto ou dor, que a chaga se apossou do paciente, porém a causa está na família, que os sinais e sintomas direcionam para o lado oposto da história relatada, não sendo a morte o maior medo do paciente, tampouco a doença o motivo do sofrimento. Como decifrar estes enigmas?

Ao ingressar no mundo do outro, compreendendo, identificando-se com sua singularidade existencial, não seremos mais os mesmos, voltaremos com as experiências adquiridas. Alguns médicos não suportam essa pressão, preferem não se envolver e seguem sua carreira diagnosticando e tratando seus pacientes de acordo com os compêndios e classificações generalistas.

Outros, imbuídos do paradoxo socrático (só sei que nada sei), e do estilo investigativo sherlockiano, não se prendem ao mundo das aparências e dos manuais: investigam, surpreendem-se, colocam-se no lugar do outro, lutam, torcem por seus pacientes, os quais sentem e percebem a companhia em suas jornadas. Dessa forma, juntos, médico e paciente passam a procurar um final feliz. Nem sempre a cura, nem sempre um final, mas quase sempre a busca do não sofrer.

Dra. Ana Claudia Quintana Arantes, médica geriatra, especialista em cuidados paliativos da Faculdade de Medicina da Universidade de São Paulo convive diariamente com o sofrimento de pacientes terminais e utiliza sua experiência para afirmar que "a doença é algo que está nos livros, nos microscópios, nas definições, mas quando encontra um ser humano produz uma melodia única que se chama sofrimento. As doenças se repetem nas pessoas, mas não de maneira igual. Cada um tem sua forma própria de sofrer a doença, não sendo efetivo tratar o sofrer de maneira universal".

Alguns médicos praticam sua profissão imbuídos do desejo altruístico de curar doenças, salvar vidas. Às vezes conseguem. No entanto, frustram-se demais, pois a lista de doenças para as quais não existe cura é imensa. Curar é finalidade secundária da medicina. O objetivo fundamental do trabalho médico, antes do diagnóstico, cura ou prognóstico, é a preocupação com o sofrimento físico e emocional de quem lhe pede ajuda.

Filósofos clínicos são profissionais atuando no sentido de aliviar o sofrimento, promovendo um bem-estar existencial, auxiliando a pessoa a entender, ressignificar e conviver com seus dilemas cotidianos. Servindo como um amigo em uma jornada difícil, impregnada de sofrimento. Não é um trabalho de cura ou diagnóstico. Tampouco de nomes, classificações, tipologias. É uma busca de bem-viver subjetivo.

A preocupação maior, já que sua metodologia não atua com o conceito de doença, cura, loucura, normalidade, refere-se a uma busca singular por construções compartilhadas junto ao universo das representações do partilhante (aquele que busca ajuda, compartilhando sua vida e suas questões com o filósofo clínico). Uma interseção acolhedora, compreensiva com o mundo do outro, estruturando cuidados a partir dele mesmo.

Mais de trinta anos trabalhando dentro de hospitais e ainda não me anestesiaram. Prossigo me dando o direito de ficar admirado e me espantar diante das novas vivências clínicas, sobretudo as sensações na relação com colegas, pacientes e instituições. Procurei na filosofia clínica ensinamentos e amparo para minhas inquietudes. A busca nunca termina. A cada dia um novo assombro, uma nova teoria, sonhos por realizar.

Este livro não foi escrito com a intenção de colocar a filosofia clínica contra ou a favor da medicina. Gostaria que as próximas páginas fossem lidas como uma espécie de provocação amorosa, pouco preocupada com o que a medicina deve ser, mas sensível ao seu vir a ser. O objetivo é aproximação, comunicação, diálogo, relação.

Nos próximos capítulos, além de contar como se deu minha aproximação, o encontro com a filosofia clínica, demonstrarei convergências entre filosofia clínica e medicina (finalidade da ciência, suas aplicações, limites e relação com outras atividades humanas), buscando, quem sabe, retornar ao tempo onde filósofos tratavam doenças físicas ou no sentido da filósofa clínica Mônica Ayub: "a filosofia se torne clínica e a medicina volte a filosofar".

1

Meu encontro com a filosofia clínica

Quando atingi uma determinada fase existencial, ao redor dos 40 anos de idade, comecei a me questionar a respeito de algumas escolhas que havia realizado ao longo da vida. Ou melhor, passei a ter dúvida se algumas escolhas tinham efetivamente sido realizadas por mim ou havia sido induzido a elas por influência de familiares, amigos e sociedade.

Por que escolhera a profissão de médico? Por que havia optado pela especialidade anestesia? Por que havia casado? Eu amava minha mulher? O que é o amor? Por que ter um filho? Por que sentia mais afinidade por algumas pessoas que por outras? Por que motivo eu tinha que ter uma religião? Por que algumas situações me emocionavam a ponto de chorar? Por que, sem justificativa alguma, ainda mantinha certos preconceitos? O fato de deixar os outros decidirem por mim já não se configurava como sendo uma escolha minha? Estava em busca de explicações, verdades, motivos, razões que justificassem meu comportamento. Eram muitos porquês sem respostas convincentes. Saí em busca de algo que me tranquilizasse.

Essa busca me levou a assistir palestras, fazer cursos, ler muito. Devorava livros de autoajuda, psicologia, relacionamento, neurolinguística e por aí afora. Dez lições para ser feliz, doze passos para ser livre, para ter sucesso, para o bem-estar... Conversava com pessoas, assistia programas educacionais, escutava conselhos, mas sempre circulando na mesma vizinhança e me alimentando do mesmo tipo de argumento.

Aprendi cedo, tanto na escola como na vida familiar, que deveria responder perguntas de maneira rápida, lógica e quase mecânica. Parecido com um computador. Para me tornar um bom filho e um excelente aluno bastava responder aquilo que pais e mestres queriam escutar. Na faculdade de medicina, o método de ensino não foi muito diferente. O corpo humano funcionava como um mecanismo de causa e efeito, comportamento e função. Determinada bactéria causava pneumonia, antibióticos matavam bactérias e curavam infecções, um copo de vinho tinto por dia fazia bem à saúde, câncer era sinônimo de morte, exercícios físicos faziam bem à saúde.

Quase todos esses dogmas foram caindo ao longo de minha prática médica. Atualmente, o conhecimento científico sobre saúde e doença renova-se completamente a cada cinco anos, significando que o que valia como verdade na década passada, hoje faz parte do passado. Confusão demais. Em quais preceitos deveria acreditar? Quais verdades seriam indiscutíveis? Onde poderia buscar respostas?

No passado já havia feito terapia com psiquiatras e psicólogos para me auxiliar em momentos difíceis, pontuais. Tratamos apenas de ajustes horizontais, acalmando minhas emoções, auxiliando algumas decisões, mas sem uma reflexão maior que transcendesse meus limites da razão. Lembro a definição de um psiquiatra sobre a ajuda que se propunha a fazer: "Você vinha por um caminho e saiu dos trilhos, nosso trabalho será colocar você de novo no rumo que seguia".

Agora estava buscando algo mais. Não sabia direito o que era, mas precisava de respostas diferentes das que conhecia, aquelas não mais me tranquilizavam. Pelo contrário, estavam me inquietando. Alguns rotulam este comportamento investigativo como ansiedade, angústia ou estresse e, por vezes, pessoas são medicadas para que adormeçam suas buscas e voltem a ter uma vida tranquila e serena. Não foi o meu caso.

Conversando sobre questionamentos existenciais com uma colega ginecologista, foi mencionado um Curso de Filosofia Clínica no Instituto Packter. Segundo ela, funcionava como uma espécie de filosofia aplicada ao cotidiano. Não entendi direito do que se tratava, mas como tinha essa busca impregnada em minha mente, decidi assistir uma aula demonstrativa.

Fiquei impressionado. Não foram necessárias mais de duas horas de exposição sobre o método da filosofia clínica para saber que ali seria um lugar para abrir meus horizontes. Durante dois anos frequentei as aulas semanais e a cada nova aula me surpreendia com o fato de nunca haver pensado como as pessoas podiam ser tão diferentes, como havia mais de uma verdade, como eu era limitado em minhas convicções, dúvidas e até mesmo sentimentos.

A par disso, fui gradativamente sendo apresentado aos vários filósofos e seus pensamentos, muitos dos quais serviram de base para a criação dos exames categoriais, dos tópicos da Estrutura do Pensamento (EP) e dos submodos utilizados pelas pessoas para resolver seus conflitos. Esta foi a base do método criado por Lúcio Packter para trabalhar a filosofia clínica. Muito interessante foi aprender como o saber clássico foi utilizado para fundamentar uma prática clínica nos dias de hoje.

Éramos em torno de dez alunos, cada qual com sua profissão, papel existencial, experiências. Formávamos aquilo que se pode chamar de uma turma clássica de sala de aula. Existiam os participativos, os reservados, os mais evoluídos culturalmente, os bonitinhos, os desenvolvidos emocionalmente, os que chegavam atrasado, os faltantes. Comecei a lidar com a diversidade de uma maneira diferente. Antes de estudar filosofia clínica, imaginava que alguns colegas atrapalhavam o bom andamento da aula, pois perguntavam demais, faziam perguntas inoportunas. Hoje, penso diferente, a diversidade foi enriquecedora, libertadora.

Ao longo do curso fomos analisando não apenas as minhas questões existenciais, outras problemáticas foram aparecendo: ética, liberdade, valores, justiça, lógica. A formação em filosofia clínica também inclui um pré-estágio, onde o aluno pode conhecer como funciona sua EP e os submodos de maior intimidade, sob a supervisão de um professor.

Aprendi, após minha terapia pessoal, dentre outras coisas, ser eu o maior especialista na minha estrutura de pensamento. Ninguém saberá dizer sobre o melhor para mim, a não ser eu mesmo. Não existia um diagnóstico fechado, rotulando-me como normal, ansioso, angustiado ou algum outro distúrbio psicológico. Estava partilhando minha jornada existencial com um colega-professor. Ele auxiliava a abrir meu pensamento, investigar possibilidades e descortinar caminhos até então desconhecidos.

Casualmente, no ano de 2012 fiquei sabendo de uma viagem de estudos para a Universidade Hebraica de Jerusalém, onde seria estudado o filósofo Emmanuel Lévinas. Decidi unir o útil ao agradável (estudos mais passeio) e me juntei ao grupo. Foi uma experiência inédita, em vários sentidos.

Frequentar uma universidade do porte da Hebraica de Jerusalém e conviver diariamente com colegas filósofos clínicos do Brasil e Israel, já se constituía em um grande privilégio. Dividir quarto, sentar ao lado nos passeios de ônibus, frequentar cantinas, almoçar, conversar, contar piadas, escutar ensinamentos, experiências, poesias e canções de colegas foi a cereja do bolo. Dez dias de imersão e aprendizado. Uma bagagem enorme para trazer na volta.

A convivência próxima com os colegas de viagem evidenciou a disparidade no modo de pensar e levar a vida dos filósofos clínicos em relação aos amigos e colegas médicos com os quais convivia. Era um grupo, uma vizinhança, que me passava acolhimento e tranquilidade, dando sustentação aos meus estudos futuros. Afinal, a filosofia é a mãe da ciência. Nem todos me acolheram da mesma forma, mas isso faz parte da diversidade, sempre enriquecedora. Por favor, não confundam ou interpretem mal quando digo que os filósofos clínicos eram diferentes dos médicos no seu modo de viver e me acolher. Não existe certo ou errado, melhor ou pior. Refiro-me aos métodos mecanicista e cartesiano com os quais os profissionais de saúde foram treinados a se relacionar.

Observando a formação de vários colegas, percebi a incompletude dos meus estudos. Apesar de já ter concluído o curso, precisaria me aprofundar, tanto em filosofia clínica como em filosofia acadêmica. Assim, iniciei a graduação em filosofia, ao mesmo tempo em que frequentava semanas de estudo, viagens de estudo, encontros nacionais de filosofia clínica, colóquios, e, somando-se a tudo isso, passei a fazer clínica didática.

Antes da filosofia clínica minha vida era limitada a desempenhar tarefas. Pressionado por uma sociedade que funciona como uma esteira rolante acelerada, resignava-me a correr e me equilibrar para não cair ou ficar para trás. Uma existência fria e calculista. As verdades conhecidas eram os paradigmas científicos, limitados pela razão e por valores absolutos.

Não me permitia transcender os horizontes conhecidos. Achava que era possível somar, subtrair, dividir e multiplicar o bem, o belo, o amor, a verdade, a existência. Imaginava ser possível traduzir sentimentos por palavras. Era uma pessoa mecânica, um executor de dogmas, tarefas e papéis sociais, quase no mesmo patamar das máquinas, funcionando sob determinados comandos.

Fica difícil definir o momento em que percebi uma necessidade de mudança existencial. Foram muitas pistas, sinais. Algumas iniciaram quando entrei no Curso de Filosofia Clínica. Outras foram acontecendo através do contato e convívio com colegas. Um aspecto decisivo nessa transformação foi a clínica didática, purificando ideias e equilibrando tópicos da minha estrutura de pensamento.

Aos poucos, fui deixando de me preocupar com respostas. Passei a me interessar por sentimentos. Ao invés de cumprir tarefas mecanicamente, passei a vivê-las como experiências. Verdades absolutas já não eram mais importantes. A filosofia clínica me permitiu ir atrás da essência da vida, ordenar minhas percepções subjetivas da realidade e buscar um trânsito por outras verdades. Uma busca por conhecer não só a mim, como aos outros.

Exercitando a recíproca de inversão (colocando-me no lugar do outro), pude percebê-lo em sua dimensão própria, aceitando, acolhendo, estabelecendo uma interseção diferenciada. Uma alteridade sob a forma de responsabilidade a qual, depois de experimentada, não pude mais me esquivar. Nem como médico, tampouco como filósofo clínico, mas principalmente, como ser humano.

Não estou pronto. Um longo caminho foi percorrido até aqui. Medicina e filosofia clínica foram escolhas com um intervalo de vinte anos. Antes tarde, que nunca. Ambas voltadas para a assistência, uma complementando a outra em interseção positiva. Talvez um tempo longo demais para o encontro, mas o necessário para ir em frente com segurança, pois como já havia dito, enquanto a medicina conversa em uma linguagem universal, a filosofia clínica se traduz pela singularidade. O diálogo precisou de várias interferências, pausas, recomeços, retrocessos, amparos, proteções, acolhimentos para que pudesse finalmente ser incorporado em minha vida e praticado naturalmente. As percepções e reflexões dessa aproximação foram agrupadas neste livro com o intuito de facilitar a caminhada dos novos andarilhos.

Sei que o caminho já trilhado é mais seguro; em compensação, seu tráfego é insuportável. Não se atenha a um caminho estabelecido, ao contrário, vá para onde não há caminho algum e deixe seu rastro.

Parafraseando Albert Einstein, "a mente que se abre a uma nova ideia jamais volta ao original". A essência da filosofia clínica foi absorvida. Não há mais como olhar apenas para as minhas antigas verdades médicas. Aprendi que o encanto da vida está em sentir-se vivo, convivendo em construção compartilhada com o outro e enxergando-se através do olhar deste.

2

O "caroço" de Pedro

Conheci Pedro Antonio Girardello num leito de hospital. Ele na condição de paciente e eu na posição de anestesiologista. Não sei explicar como aconteceu, mas logo ao entrar no quarto percebi em seu rosto um pedido de socorro. Pedro não estava morrendo ou sentindo dor. Eram seus olhos de desamparo, abandono, orfandade a me capturar. Senti sua necessidade de me contar ou pedir algo. Apresentei-me, sentei a seu lado e, ao invés de iniciar a costumeira entrevista pré-anestésica com perguntas protocolares, perguntei como poderia lhe ajudar.

Pedro acomodou-se melhor no colchão, ajeitou o travesseiro e começou a contar sua história. No início um pouco atrapalhado, confuso, misturando datas e eventos, algo normal para alguém na sua situação, mas logo se situou no tempo, lugar e contexto.

A narrativa foi aos poucos prendendo minha atenção e de certa forma mexendo comigo. Era meu último compromisso do dia, não tinha pressa. Escutei então uma triste e longa história. O relato a seguir é uma condensação da história contada por Pedro em quatro visitas hospitalares: uma pré-operatória e as demais no período de recuperação pós-cirúrgico.

Pedro é um senhor de 50 anos, cabelos grisalhos, pele curtida do sol, um pouco gasto pelo tempo. Algumas pessoas acreditam na versão da estética para contar sobre a vida e a idade dos outros. Pensando assim, diria que a vida de Pedro talvez tivesse sido difícil até então. Mas poderia ser apenas resultado da genética. Não tinha como saber detalhes, nem fazer juízo algum numa primeira impressão.

Pedro contou sobre sua vida adulta, sempre sedentária, morando e trabalhando no mesmo local, quase não se locomovendo para nada. Levemente obeso, fumava uma carteira de cigarros por dia, nunca cuidou direito de sua saúde. Para ele, consultar o médico só em casos estritamente necessários, tipo uma doença muito grave. Narrava isso com um tanto de orgulho, parecia gostar de ostentar o fato de nunca ter precisado de auxílio médico. A famosa saúde de ferro. Foram apenas duas intercorrências em toda sua existência. Uma vez aos 18 anos para operar apendicite e outra aos 42 anos com um cálculo renal.

Mora na cidade de Nova Veneza, pequena cidade ao sul de Santa Catarina, onde 95% da população é descendente de italianos. É o filho mais velho de um casal de imigrantes. Pedro e mais quatro irmãs. Desde criança sempre foi muito exigido em termos de responsabilidade pelos pais. Deram-lhe uma educação bastante rígida, e, por ser o único filho homem, deveria cuidar das irmãs menores e fazer os trabalhos mais pesados. Enquanto o pai estava no armazém, trabalhando para sustentar a família, ele o substituiria como o "homenzinho da casa". Ao mesmo tempo em que precisava realizar todas essas tarefas, ainda lhe cobravam boas notas na escola.

Pedro gostava desse *status*, sentia-se adulto, responsável. Era tratado de forma diferente, no entanto, quase não sobrava tempo para ser criança, brincar. Enquanto as quatro irmãs se dividiam ajudando a mãe nas tarefas da casa, Pedro era o único responsável por cortar a grama, limpar o jardim, cuidar da horta, dar banho nos três cachorros, comprar o pão na padaria, cortar a lenha e alimentar o cavalo e a vaca que criavam para transporte e alimento da família.

Mencionou que frequentemente parava por alguns instantes seu trabalho para observar de longe as brincadeiras de suas irmãs. Seu primeiro reflexo era largar tudo e brincar junto. Mas recordava dos adultos, e em seguida, sentia-se um deles. Tinha responsabilidades. Resignava-se e continuava suas tarefas.

Aprendeu sozinho a diferenciar cheiros. A grama molhada exalava um odor batizado por ele de perfume. Quando estava seca, tinha um cheiro parecido com remédio amargo; quanto mais o sol queimava, mais amarela ficava e pior a sensação. Adorava cortar a grama quando chovia. Tirava a roupa, ficava só de cuecas por horas, molhando-se na chuva, se perfumando na grama. Costumava deitar e rolar no chão para ficar mais cheiroso. Ouvia bronca de sua mãe quando fazia isso, mas não adiantava. Vez por outra, seu lado criança não conseguia ser oprimido pela razão dos adultos.

Dizia para as irmãs da semelhança da salsa como um bálsamo, limpando seus pulmões; carqueja lembrava o melhor chá do mundo, feito pela avó; lenha tinha odor de cidade; leite da vaca era água da chuva misturada com tinta branca. Água da chuva tinha uma fragrância diferente da água de poço, que era diferente do suor do cavalo. Costumava brincar de vendar os olhos e descobrir a flor que lhe traziam apenas pelo aroma. Quase sempre acertava.

Dar banho nos cães era uma festa para seu olfato. Cada animal tinha um tipo diferente de pelo, o qual, quando molhado, lhe embriagava os sentidos. Passava horas acariciando, cheirando, lavando e brincando no quintal dos fundos da casa. Esquecia da hora, quase sempre precisava ser retirado aos gritos ou à força de sua tarefa predileta.

Hoje, quando sente esses perfumes todos, sendo exalados de algum lugar, faz uma ponte imediata com o seu passado. Comentou que o cheiro de nosso hospital lhe era peculiar. Lembrava o corredor da escola primária sendo desinfetado todos os dias antes de os alunos chegarem.

Apesar de se divertir bastante cortando a grama e dando banho nos animais, considerava estes ofícios como uma espécie de emprego. Compensava toda a atividade semanal divertindo-se sábados e domingos no Rio São Bento. Colocava Gina, a irmã preferida, na garupa do cavalo e cavalgavam quase trinta minutos para chegar na casa do Tio André, que morava na margem direita do rio, quase ao lado da olaria que chamava sua atenção pela montanha de tijolos empilhados de forma milimétrica.

Adoravam a aventura de montar em pelo, prendendo o cavalo entre as pernas e sentindo o galope do animal refletir em seus corpos. Sentiam também o vento lhes acariciando o rosto e os cheiros diferentes de feno, esterco, zorrilho, e, especialmente, o cheiro de poeira da terra batida levantada pelo trotear do cavalo.

A primeira parte do programa de final de semana era sempre a mesma. Junto com o tio, preparavam os caniços de vara de taquara para pescar lambaris. Em menos de uma hora já estavam no riacho e com alguns peixes na cesta. Comer lambaris pescados e fritos por eles próprios, junto com a gostosa polenta, na beira do rio, era "mais que bom – era bom-bom", repetia Gina, enquanto lambuzava as mãos com os espinhos entre os dentes.

Depois de garantida a pesca, era chegada a hora do mergulho. A sensação de resfriar o corpo aquecido pelo sol, ficando imersos na água gélida e transparente do rio os fazia imaginar serem golfinhos amestrados. Permaneciam nadando e tomando banho até a pele das mãos enrugar, pois haviam aprendido com a mãe ser este o sinal para sair da água.

Às vezes olhavam para as mãos naquele estado e brincavam de ser pessoas velhas, como seus avós. As mãos ficavam parecidas, pensavam. E então, deitavam na rede estendida na sombra das árvores e esperavam a pele voltar ao normal para então retornar para mais uma rodada de mergulhos. Eram crianças novamente.

Na volta para a casa do tio subiam em uma goiabeira para apanhar as frutas que serviriam para preparar doce de goiaba. Adoravam misturar com o pão no café da tarde e era a sobremesa predileta do jantar. Pedro trepava na árvore e ia jogando as frutas, enquanto Gina as aparava esticando sua blusa. Foi ali, entre o rio e a casa do Tio André, ao pé da goiabeira, que Pedro conheceu Maria, sua futura esposa. A menina morava na vizinhança, e, ao cruzar com os dois irmãos, viu a cena da colheita e pediu algumas goiabas.

Não tinha como dizer não, Pedro afirmou categoricamente. Nessa parte da narrativa, seu olhar se transformou, ele era outro. O homem de família, com certa maturidade, postura ostentada desde menino, e certo desconforto por estar internado se transfigurou ao lembrar de Maria ao pé da árvore. Pedro parecia estar revivendo cada goiaba colhida e entregue nas mãos delicadas daquela menina que lhe cativara logo no primeiro encontro.

Quando completou 16 anos de idade, Pedro começou a trabalhar ajudando o pai no armazém, e, quando este faleceu, o negócio ficou em suas mãos. Desde então, tem sido a única fonte de sustento da família. Deixou de estudar antes de terminar o segundo grau, e, quando completou 21 anos, finalmente casou com Maria. Passaram-se quase trinta anos. Tiveram três filhos. O mais velho, Nino, tem ajudado o pai no armazém de secos e molhados, localizado no centro da cidade, bem em frente à praça da gôndola. É o armazém mais antigo da cidade, mas está sendo prejudicado pela concorrência de um supermercado que consegue fazer preços mais atrativos com ofertas em alguns produtos.

Dia após dia, 6h em ponto, Pedro já estava abrindo a loja, levando sempre consigo uma garrafa térmica com água quente. Adorava tomar chimarrão, sentado em sua cadeira de balanço, enquanto escutava as notícias do início do dia. Gostava também das músicas tradicionalistas gaúchas e italianas que tocavam na rádio local. Almoçava no balcão, entre um cliente e outro, e fechava as portas quando escurecia. Nunca se queixou do trabalho, gostava muito de puxar conversa, facilmente cativava amigos. Alguns frequentavam o armazém só para bater um papo. Era quase como um clube social.

Quando o armazém ficava sem clientes, Pedro aproveitava para fazer palavras cruzadas, seu passatempo predileto. Passava o dia inteiro tomando chimarrão, cafezinho e fumando, costume herdado do pai. A garrafa térmica ainda é a mesma desde aquela época. Também herança paterna, o ensinamento de não vender bebidas alcoólicas, pois isto atrairia fregueses indesejados e poderia servir de mau exemplo aos filhos.

Foi então que, numa manhã de primavera, ao fazer a barba, antes de abrir a loja, percebeu uma pequena tumoração na altura do pescoço, em seu lado direito. Apalpou e sentiu um caroço, algo como uma bolota pulsando.

Qual a atitude de Pedro? Nenhuma.

O que Pedro pensou? Nada. Estranhou aquela anomalia, mas não se assustou. Resolveu esperar alguns dias para ver se a bolota desaparecia. O típico pensamento de muitas pessoas.

O que Pedro omitiu? Não contou nada para ninguém, nem para Maria.

Passaram-se mais quinze dias e o caroço no pescoço de Pedro permanecia no mesmo lugar, parecendo até que aumentara um pouco de tamanho.

Qual a atitude de Pedro? Um pouco assustado, comentou timidamente o surgimento do incômodo com seu compadre Edinho em uma conversa reservada no balcão do armazém. Prontamente, como se fosse um especialista no assunto, Edinho lhe recomendou tomar chá de carqueja (planta da América Latina com propriedades medicinais) e colocar compressas quentes de babosa no pescoço (planta medicinal também conhecida como Alóe Vera).

O que Pedro fez? Seguiu rigorosamente as orientações de Edinho.

O que ele escondia? Não contou nada para Maria. Passou a vestir-se de maneira a esconder o sinal no pescoço e aplicava os remédios caseiros em sigilo.

Trinta dias de tratamento com chás e compressas e a bolota não só permanecia, como continuava a aumentar de tamanho. Pedro já não sabia mais como esconder o tal "caroço". Chegou até a sonhar que a bolota havia crescido tanto que parecia um balão pendurado no pescoço. Em outro sonho, a bolota havia estourado e manchado todo o armazém com sangue.

Numa das poucas noites, quando faziam amor, Maria tocou no pescoço de Pedro e sentiu algo estranho, duro e pulsátil. Impressionou-se com o achado e, assustada, iniciou um interrogatório, misturando palavras em italiano e português.

– O que é isso?

– Quando apareceu?

– Ma perchè non me hai raccontato niente?

– Por que não me contou?

– Onde, como, quando, por que...

Perguntas e mais perguntas, quase sem dar tempo de responder.

Pedro, também nervoso, não sabia explicar direito, tentava desconversar, gaguejava. Tinha sido muito difícil esconder aquele segredo da mulher, estava envergonhado de sua atitude acobertando o problema de Maria. Depois de tanta insistência, acabou saindo alguma justificativa e uma promessa de que procuraria um médico naquela mesma semana.

O que aconteceu com Pedro que lhe impediu de ir ao médico? Fica difícil afirmar algo sem conhecer sua historicidade (história de vida contada pela própria pessoa, a partir da qual se pode conhecê-la melhor). No entanto, é possível fazer aproximações especulativas.

Pedro herdou de sua mãe o medo de médicos. Ela dizia: "Médicos sempre acabam achando uma doença, ninguém sai do consultório sem uma receita". Reforçava sua teoria com muita convicção: "A pessoa mais saudável do mundo, ao consultar um médico, voltaria pra casa doente. Foi assim com tua Tia Rosa", recordava contando sempre a mesma história. Rosa era mulher forte, não tomava nada, muito raramente um chá para os nervos em épocas de dificuldade. Mas, fora isso, vivia esbanjando saúde. "Podia até passar o dia na chuva que nada lhe acontecia", repetia sua mãe, eufórica.

Um dia foi acompanhar sua vizinha em uma consulta médica. A tal mulher reclamava de fraqueza constante, e não tinha ânimo nem coragem para ir a um especialista. No meio da consulta Tia Rosa tossiu. O médico parou, observou e quis examiná-la. "Sabe o que aconteceu? Ela voltou pra casa com uma doença, nem lembro mais o nome. Acabou falecendo, e a outra, que foi consultar e se sentia doente, não tinha nada".

Essa história deixou Pedro com medo de médicos por muitos anos. Na verdade, ainda deixava. Aquela bolota poderia ser um câncer, o médico iria descobrir e interná-lo num hospital para deixá-lo morrer. Dessa forma, adiou e fugiu dos doutores enquanto foi possível.

Pedro também não queria perder sua autonomia e sabia que, eventualmente, ao consultar o médico, este lhe recomendaria parar de fumar, modificar a dieta, realizar exercícios físicos, trabalhar menos e quem sabe, tomar medicamentos regularmente. Pior ainda, o médico poderia tirar sua liberdade, internando-o e prendendo-o no hospital. Seriam muitas mudanças, limitações, incertezas, dependências, e, essas hipóteses, ajudavam-no a delongar a procura por auxílio.

Passaram dias, semanas, meses de dúvidas, angústias, omissões até Pedro sentir a necessidade de pedir ajuda e marcar consulta com um médico. O tumor aumentava de tamanho e Maria o pressionava diariamente. Não havia mais como escapar. Vitória da Maria.

Qual médico deveria procurar? Pedro não tinha a menor ideia. Não sabia nem mesmo se consultava um clínico geral, um cirurgião ou um cardiologista. Mais uma vez recorreu a seu compadre/consultor Edinho, o qual recomendou procurar um clínico geral em Criciúma, cidade vizinha de Nova Veneza, polo industrial e referência em saúde no sul catarinense.

Pedro possuía um plano de saúde do governo estadual; nunca o utilizara, no entanto, mantinha o pecúlio em dia, pois lhe disseram ser uma espécie de seguro necessário. Um dia poderia adoecer e então não precisaria pagar médicos, hospitais e exames. O plano de saúde absorveria todas as despesas. Havia chegado a hora de recuperar todos os recursos investidos. Procurou o livro do convênio com os nomes dos médicos credenciados. Havia cerca de trinta clínicos gerais.

Como Pedro escolheu o médico? Pelo endereço. Aquele cujo consultório era mais perto da rodoviária e fácil de localizar em Criciúma. Encheu-se de coragem, fechou as portas do armazém para ninguém escutar sua conversa e ligou para marcar consulta. Foi atendido pela secretária:

– Boa tarde, consultório do Dr. Agostini, como posso ajudá-lo?

– Gostaria de marcar uma consulta com o doutor.

– O senhor tem algum plano de saúde?

– Sim, tenho o plano de saúde estadual.

– O Dr. Agostini atende esse plano só nas quartas-feiras à tarde, podemos marcar a consulta para daqui a quatro semanas, dia 22 de julho, pode ser?

– Não tem um horário mais perto? Estou confuso, desorientado. Me apareceu uma bolota no pescoço, ela está crescendo, não sei o que fazer. Preciso de orientação, acho que é meio urgente.

– Se o senhor quiser pagar uma consulta particular, podemos lhe conseguir um horário ainda nessa semana. O doutor dá um desconto especial aos pacientes do plano de saúde estatal.

O que Pedro fez diante desta situação? Ficou um pouco indignado, pois haviam lhe dito, e até então acreditara, que seu plano de saúde cobriria todas as despesas médicas. Agora entendia porque a TV vivia mostrando notícias sobre o mau funcionamento do sistema de saúde. Aquilo lhe parecia tão distante, com pessoas desconhecidas, que talvez houvessem cometido algum erro ou atraso no pagamento, assim perdendo o direito à assistência médica. Com ele estava tudo em ordem, mensalidades do plano em dia, pensava que nunca lhe aconteceria algo semelhante.

Sentiu-se desconcertado com a proposta de cobrança de honorários. Pensou por uns instantes, agradeceu a boa vontade da secretária e deixou que ela agendasse a consulta para o dia 22 de julho. Afinal de contas, já cumprira o prometido a Maria: ligou para marcar a consulta. Havia feito a sua parte. Quem esperou tanto espera um pouco mais, vai ganhando tempo. Quem sabe o caroço desaparece nesse período?

Pedro notou que andava com pensamentos estranhos. Em alguns momentos seguia por um caminho, noutros, mudava completamente a direção. Algumas ideias trabalhavam a seu favor, outras contra. Pensamento aqui pode ser compreendido no sentido de Deleuze: "pensar é criar". Em filosofia clínica, tais pensamentos podem ser submodos, ou seja, a maneira como a pessoa lida, informalmente, com as questões de sua vida.

Por vezes, Pedro deixava seu raciocínio rumar em direção a ideias complexas. Imaginava que a bolota talvez fosse um castigo divino. Noutros momentos, esquecia a possibilidade do castigo e partia para a busca da cura através de pesquisas de terapias alternativas. Sem que percebesse, vivia com as mãos apertando o pescoço, comprimindo o caroço na esperança de esmagá-lo, fazê-lo sumir.

Outro submodo utilizado por Pedro era roteirizar com detalhes todos os passos a partir do momento da consulta inicial: a conversa com o médico, internação hospitalar, cirurgia, dores no pós-operatório, recuperação, retorno às atividades no armazém. Pensava inclusive em coisas piores, como morte, incapacidade física, perda da identidade como pessoa, reconstrução da autoimagem, abandono de projetos.

Enxergava-se depois da cirurgia, caminhando na calçada, sentindo necessidade de parar para descansar, pois desenvolveria um cansaço diferente por conta daquele problema. As pessoas o olhariam com alguma impaciência, pois não gostavam de gente andando devagar na rua. Pedro não queria esse estigma. Colocava os pontos positivos de consultar o médico em um prato da balança, os negativos noutro, e ia decidindo seu futuro baseado na inclinação dela.

Pedro também passou a expressar suas dores existenciais através da perda de controle em certas ocasiões, ou seja, protagonizava ações ou expressões fortes como: choro, gritos, xingamentos e maus-tratos, especialmente com a família, mas, eventualmente, frente aos clientes do armazém. Se antes era um homem paciente, satisfeito e tranquilo com a forma de sua vida, a partir de então, tudo virou motivo para desabafos, desaforos, descontroles.

Algo dentro de Pedro lhe dizia que a consulta com o médico não teria boas consequências. Tinha vergonha de mostrar aquela bolota para o médico. Mais que isso, estava com medo da terapia, no entanto, não havia saída.

Pedro e Maria estavam carentes, fragilizados, ansiosos e viam na consulta médica a esperança de uma ajuda ou solução. Tiveram quase um mês para se preparar para o encontro. Sabiam que a duração média de uma consulta médica ficava em torno de 20 minutos. O médico disporia desse valioso espaço de tempo para se ocupar da vida de Pedro; ele precisava aproveitar ao máximo cada momento desse encontro.

Todo o drama vivido, experimentado nessas últimas semanas precisaria caber nesses preciosos 20 minutos. Um tempo dividido entre a fala do paciente, as perguntas do médico e os demais eventos da clínica.

Pedro se preparou psicologicamente muito bem para a consulta. Ensaiou mentalmente tudo que iria falar, desde suas impressões da origem da doença até mesmo as sugestões de cura. Ensaiou como um artista se prepara para fazer uma cena na TV ou no teatro. Cada marcação, cada intervalo de seu discurso, a entonação de voz. Saiu cedo de casa para não chegar atrasado. Antes do horário previsto já estava sentado na sala de espera do Dr. Agostini.

A secretária, isolada dos pacientes atrás de um balcão de vidro, atendia telefonemas, separava formulários, digitava no computador, arrumava o cabelo, a maquiagem, e não acolheu Pedro de maneira carinhosa. Cumprimentou-o educadamente, solicitou o preenchimento de um cadastro, e logo avisou sobre o atraso do doutor, informando que o chamaria quando chegasse a sua vez de consultar.

A sala de espera não lhe evocava um consultório médico. Estava se sentindo desconfortável, imaginava algo mais hospitaleiro. Prestava atenção a tudo em sua volta. Observava a mobília moderna, a planta um pouco ressequida no vaso de cerâmica, a voz um tanto alta da secretária ao telefone. Sentia o cheiro do carpete desgastado pelo uso, a temperatura um pouco gélida do ar-condicionado. Nada daquilo lhe era familiar. Nada lhe remetia para um lugar seguro.

As paredes eram claras e alguns quadros as ornamentavam, na tentativa de, talvez, humanizar um ambiente de angústia e espera de prognósticos. Assim Pedro se sentia: agoniado, aflito, inquieto em seus pensamentos. Nem os quadros, tampouco as paredes claras, nem mesmo as revistas ultrapassadas sobre o mundo dos famosos estavam surtindo efeito. Tentou não transparecer sua ansiedade, não queria deixar a esposa nervosa.

Pedro observava atentamente as outras pessoas na sala de espera. Com o canto dos olhos analisava cada um, da cabeça aos pés. Chegou até mesmo a controlar a duração das consultas. Em média, os pacientes entravam e saíam da sala do médico em intervalos de 10 a 15 minutos.

O que pensava enquanto esperava? – Não vai dar pra falar o planejado. Terei de resumir.

Quais as suas sensações nesse intervalo de tempo? Ansiedade, medo, vontade de ir embora, insegurança. Também passou a imaginar o motivo de cada um estar ali. Aquele senhor de costas encurvadas, olhos murchos teria um resfriado muito forte, uma dor nunca sentida, febre alta, uma infecção nos intestinos? Algum daqueles pacientes haveria de descobrir um problema genético? Quantos deles receberiam a notícia de não ter problema algum de saúde e que os sintomas apresentados eram apenas indisposições transitórias? Pedro queria ser um deles.

As orquídeas e antúrios, flores que conhecia muito bem, estavam sofrendo com o ar-condicionado, a falta de água e luz inadequadas. Ninguém havia percebido isso no consultório? Se não cuidavam direito das plantas, cuidariam bem das pessoas? Dúvidas e mais dúvidas abarrotando seu pensamento. Percebeu, também, algumas pessoas chegando ao consultório depois dele, no entanto, atendidas na sua frente.

O que pensava Pedro? – Esses pacientes furaram a fila, foram atendidos na minha frente porque pagaram a consulta. Serei o último da fila. Ou seja, a espera estava se tornando cada vez maior. E a agonia também.

Cogitou reclamar para a secretária, mas conteve-se. Não queria passar a impressão de ser chato ou inconveniente. Sem alternativa, resignou-se a esperar. Depois de 45 minutos de atraso, finalmente ouviu a secretária chamar seu nome. A porta da sala do médico se abriu e finalmente o encontro tão esperado acontecia.

Dr. Agostini vestia uma gravata de seda azul, por baixo de um avental impecavelmente branco. Estava recostado em uma cadeira imponente, como se fosse um trono, por trás de uma mesa de madeira antiga, trabalhada com vários entalhes. Nela uma enorme tela de computador. Pedro chegou a sentir-se mal, inferiorizado frente a tamanha ostentação.

Aquele cenário fez com que Pedro se sentisse oprimido, ao invés de acolhido. Percebendo o contraste gritante entre sua camisa puída, o vestido surrado de sua mulher e aquele ambiente, só lhe restou entrar cabisbaixo, quase pedindo desculpas por atrapalhar o doutor.

Dr. Agostini cumprimentou-o chamando pelo nome. Não se levantou da cadeira nem lhe apertou a mão. Maria entrou junto na sala, no entanto, parecia não existir para o doutor, pois não lhe dirigiu a palavra, sequer o olhar.

A consulta durou exatamente 20 minutos. Porém, em momento algum, o médico ficou sintonizado com Pedro. Este não conseguiu dizer nem a metade do planejado. Toda vez que Pedro começava a se alongar na conversa, o médico interrompia, fazia um comentário ou perguntava algo diferente. Era tudo automático. Parecia não haver conexão entre aquilo que estava tentando dizer e as ponderações do Dr. Agostini.

A interseção não foi positiva. A conversa mecânica, formal. O exame físico do pescoço rápido, superficial. Antes de finalizar o procedimento, o médico solicitou alguns exames e rapidamente se despediu dizendo para não se preocuparem, estava tudo sob controle, daria tudo certo. Quando os exames ficassem prontos, poderiam telefonar para agendar uma nova consulta.

Pedro e Maria saíram dali com uma impressão contrária. Nada parecia estar sob controle. Ambos sentiram antipatia e desinteresse por parte do médico. Antes de entrar para a consulta o casal era pura expectativa, emoção à flor da pele, mas, por ironia do destino, depararam-se com um médico frio e racional. Não houve comunicação, não se criou uma relação de confiança, muito menos fidelidade. Pedro lembrou imediatamente das histórias de sua mãe. Podia até não ter saído da consulta com uma doença grave como a Tia Rosa, mas saiu bem menos esperançoso.

Apesar da aparente convicção de que tudo estava sob controle, era como se estivesse escrito na testa do médico, em letras enormes, que não tinha certeza do diagnóstico e precisaria do resultado dos exames antes de firmar uma opinião. Em outras palavras, Pedro não sentiu firmeza na conduta do profissional e, mais do que isso, observou alguém sem envolvimento com seu problema. O Casal Girardello saiu da consulta com a nítida impressão de perda de tempo. Não sabiam o que fazer.

Pedro vinha seguindo seu caminho existencial e, de repente, viu surgir em seu pescoço um caroço, uma ameaça. Precisava de ajuda. É como uma criança andando despreocupada por uma estrada e subitamente surgir um rio à sua frente. Não sabe como atravessar. Precisa de alguém para lhe conduzir com segurança, carregar no colo, indicar uma ponte ou colocá-la num barco. Enfim, Pedro estava precisando de acolhimento nessa hora. Precisava sentir o médico junto dele nessa jornada/travessia/doença. Mas não foi isso que aconteceu.

Voltara a ser, outra vez, o menino trabalhador observando as irmãs brincarem no jardim. Mas, nesse caso, olhava os adultos passando pela rua, aparentemente despreocupados, sem carregar o peso nas costas de uma consulta improdutiva, de onde saiu com muitas dúvidas. Seria possível que algum daqueles pedestres também estivesse em situação semelhante, andando a esmo, sem saber que atitude tomar logo após consultar um médico? Talvez aquela senhora, com aparência ofegante, estivesse preocupada com a notícia de sua pressão arterial. Poderia ser apenas o efeito do calor, o cansaço de carregar as sacolas de compras. Aquele menino, apertando a mão de sua mãe, choroso, estava sentindo alguma dor por algo que ela não percebia? Pedro era assim, imaginava, o tempo todo, sobre os pensamentos e ações dos outros.

Mas o que Pedro fez diante dessa situação? Restavam-lhe duas opções: procurar outro médico/terapeuta, esperar mais trinta dias pela nova consulta ou fazer os exames e retornar ao Dr. Agostini. Ainda existiria uma terceira alternativa: abandonar a investigação e conviver com a doença.

Como o próprio nome diz, uma consulta médica é apenas uma consulta. Em princípio não há compromisso ou responsabilidade alguma. Dependendo da interação médico-paciente, esse momento se transformará em um contrato informal, onde o médico vai propor uma terapia e o paciente se compromete a executá-la. Não é obrigatória uma promessa de resultado ou cura, apenas um comprometimento mútuo. Se, ao contrário, a interseção for nula ou negativa, o paciente tem todo o direito de fazer novas tentativas, até encontrar quem lhe inspire confiança ou segurança.

Pedro e Maria pesaram os prós e contras de procurar um novo médico. Decidiram fazer os exames e acelerar o tratamento. Afinal, muito tempo já havia se passado desde a descoberta do caroço. Marcaram exames bioquímicos de sangue e urina, eletrocardiograma, RX de tórax, angiografia de carótidas e ressonância magnética cerebral.

Quase todos os exames precisaram ser realizados em Criciúma, pois em Nova Veneza não havia laboratórios com estrutura suficiente. Cada exame precisou ser realizado em uma data diferente e em laboratórios distintos. Isso exigiu deslocamentos, despesas com transporte, boa vontade de familiares para atender o armazém e muitas horas de espera.

Depois de quase quarenta dias de romarias por laboratórios de diagnóstico, estando de posse de todos os exames marcaram nova consulta com Dr. Agostini. Dessa vez o atraso foi de apenas 20 minutos. Pedro não havia ensaiado nada para falar nessa ocasião, queria apenas ouvir. Mas, lá no fundo, já havia pensado e repensado com seus botões, e havia decidido que se o médico não lhe apresentasse um diagnóstico e prognóstico precisos, abandonaria o tratamento para sempre.

Dr. Agostini, sentado em sua poltrona/trono, vestindo o mesmo avental impecavelmente branco, frio e distante como da outra vez, abriu a pasta com os exames, leu atentamente os laudos e, na sequência, iniciou seu discurso:

– Seu Pedro, esta bolota em seu pescoço é um aneurisma de carótida, uma artéria que leva o sangue para o cérebro e está dilatada. As paredes da artéria enfraqueceram, formaram uma espécie de balão que pode estourar a qualquer momento. É preciso operar, remover este aneurisma, mas existem riscos. O senhor pode ficar paralisado em um lado do rosto ou do corpo, perder a fala, mas isso é muito raro. Na maioria dos casos, a cirurgia é um sucesso. O paciente fica internado no hospital por uma semana, depois vai para casa, mas não pode fazer trabalhos pesados por três meses. Podemos marcar a cirurgia?

Ele disse aquilo tudo de uma só vez, sem pausar. Foi como um tiro. Seco. Objetivo. Certeiro. Antes de Pedro esboçar qualquer reação, o médico completou sua análise:

– O senhor não precisa decidir agora. Vá para casa e pense bem, discuta com sua família, mas não demore muito, porque o aneurisma pode estourar, daí o senhor morre.

– Se o senhor quiser, também posso lhe encaminhar para Porto Alegre, uma cidade maior, com mais recursos. Tenho colegas cirurgiões que operam muito bem e têm experiência nesse tipo de cirurgia.

Pedro e Maria foram colocados, tragicamente, frente à possibilidade de morte ou incapacidade física. Como lidar com essa condenação? Quais ideias passam pela cabeça de Pedro diante disso tudo? 1% de chances de ficar hemiplégico pode parecer uma percentagem pequena, mas se este "um" for justamente Pedro, será uma tragédia. A quem recorrer para auxiliá-los nas difíceis decisões que terão pela frente? O que fazer com esse diagnóstico? Existe alguma alternativa além do diagnóstico?

A doença, inicialmente só de Pedro, agora era uma questão familiar. A posse do aneurisma continua com ele, o caroço está em seu pescoço, mas o problema atingiu toda a família Girardello. Maria, filhos, irmãs, todos estão envolvidos no drama. Nino, o filho de 16 anos, vendo seus pais confusos, desamparados, foi para a internet em busca de recursos ou explicações razoáveis que aquietassem a angústia familiar.

Colocou as palavras "aneurisma de carótida" no Google e encontrou 15.600 citações. Leu as dez primeiras, não entendeu quase nada, ficou alarmado com algumas informações e preferiu desistir da busca. Gina, a irmã que cavalgava com Pedro na infância, se ofereceu para ficar atendendo no armazém pelo tempo necessário. Até mesmo os clientes mais chegados à família, de um jeito ou de outro, foram solidários com a situação. O assunto, na pequena cidade de Nova Veneza, era a gravidade da doença, que poderia condenar seu Pedro, o dono do armazém, a uma vida com limitações.

Diante de tamanha insegurança, a família decidiu escutar uma segunda opinião especializada. Marcaram consulta com um cirurgião vascular em Porto Alegre. Era professor da universidade e havia sido indicado pelo Dr. Agostini. Conseguiram agendar para a semana seguinte. Maria acompanhou Pedro na viagem. Ficaram hospedados em um hotelzinho barato no centro da cidade e, na manhã seguinte, foram ao encontro do médico.

Como de costume, chegaram antes do horário marcado. Logo ao entrar no consultório, Pedro gostou do Dr. Marcondes. Não sabia explicar direito, mas sentiu ser ele completamente diferente do Dr. Agostini. O próprio lugar era outro, de uma forma positiva. Parecia haver mais vida, tinha um ar aconchegante, o ambiente esperado numa situação tão delicada quanto a sua. Sentiu-se em casa, acolhido.

De fato, Dr. Marcondes os recebeu muito bem, sem atrasos, escutou a história de Pedro sem maiores interrupções, analisou os exames, apalpou o tumor no pescoço, confirmou o diagnóstico, explicou os riscos cirúrgicos e, finalmente, perguntou se estavam preparados para marcar o procedimento.

Esclareceu também sobre a serventia do convênio, o qual cobriria os custos médicos e hospitalares. Também precisariam dispor de uns dez dias em Porto Alegre, tempo necessário para realizar a intervenção e o pós-operatório. Satisfeitos com as explicações, marcaram a cirurgia para o início de novembro (quarenta dias após a consulta), pois o doutor estava com a agenda lotada antes desta data. Recomendou expressamente que Pedro não realizasse esforço físico algum durante esse período.

Pedro retornou a Nova Veneza e ficou aguardando novembro chegar. Imagine o que se passava em sua cabeça. Tudo que ainda iria escutar e pesquisar antes da cirurgia. Quantas fantasias Maria e os filhos podem ter cultivado nesses dias que precederam a cirurgia. Quem já viveu essa situação pode conceber tamanha divagação.

Durante o mês de outubro a família tentou se organizar para a cirurgia. No entanto, surgiram algumas dificuldades. Maria, sofrendo de varizes nas pernas, teve o quadro agravado por uma úlcera, precisou ficar de repouso e não pôde mais auxiliar no atendimento no armazém. Pedro passou a ter insônia e dores nas costas. Nino, o filho mais velho, começou a beber cerveja nas festinhas de sábado, comportamento que desagradava imensamente seus pais.

Uma das únicas fontes de lazer do casal era o grupo de danças folclóricas italianas, que frequentavam nas noites de quarta e sábado. Tiveram de abrir mão até desse prazer. As dificuldades de Maria em se locomover e o estado de humor de Pedro impediam o casal de se divertir. Enquanto aguardavam o dia da cirurgia, Pedro tornou-se um homem mais sisudo e Maria mais calada. Diante da incerteza que pairava sobre o sucesso da cirurgia, evitavam tocar no assunto doença para não agravar o clima que já se encontrava bastante pesado.

De uma forma geral, não foi um outubro bom para a família. Mas, como o tempo segue seu ritmo, independente da alegria ou sofrimento das pessoas, novembro chegou.

Antes de partir para Porto Alegre, Pedro foi conversar com o padre da paróquia local e pedir sua bênção. Despediu-se dos irmãos e dos clientes do armazém. Não tinha mais tanta vergonha da bolota no pescoço, agora até mostrava, com certo orgulho. Parecia tranquilo quanto ao resultado da cirurgia, pois confiava muito no Dr. Marcondes, embora tivesse colocado nas mãos de Deus o seu futuro.

Seguiu rigorosamente as recomendações pré-operatórias prescritas pelo médico. Entrou em jejum na noite anterior à cirurgia, começou a tomar o antibiótico profilático três dias antes e apresentou-se no hospital às seis da manhã no dia marcado. Chegando à recepção, foi informado que seu plano de saúde não havia autorizado a cirurgia, não sendo possível sua internação. Teriam de transferir o procedimento para outra data, até esclarecerem a negativa do convênio. Ainda, se desejassem, poderiam assumir os encargos das despesas médico-hospitalares e, dessa forma, realizar a cirurgia sem esse inconveniente.

Pedro entendia como as coisas funcionavam em seu armazém, mas não tinha a menor ideia da logística de um hospital ou plano de saúde. Estava perdido. Maria, angustiada, ao seu lado, com uma atadura na perna cobrindo as varizes, tentou sensibilizar a recepcionista, contando a longa jornada e as dificuldades enfrentadas para chegarem até ali. De nada adiantou, a funcionária apenas cumpria ordens. No entanto, sugeriu aguardarem a chegada do Dr. Marcondes.

Seis e quinze da manhã, o dia quase amanhecendo e o Casal Girardello na completa escuridão. Sem luz alguma em seus pensamentos, olhavam um para o outro, e pela primeira vez, desde que estavam casados, sentiram-se sós, perdidos, tendo apenas um ao outro naquele momento. Não sabiam o montante das despesas médico-hospitalares. Não entendiam porque o plano de saúde havia glosado o procedimento. Não queriam retornar para casa carregando a bolota no pescoço. Ninguém lhes fornecia explicações, apenas fatos. Restavam ainda 2 horas até a chegada do médico ao hospital.

Sentado no saguão amplo, frio, surdo e mudo do hospital, provavelmente com os níveis de adrenalina e glicose alterados pelo estresse, Pedro procurava manter a calma. Maria, ao contrário, não conseguia ficar parada. Andava de um lado para o outro, esperando o tempo passar. Um funcionário foi medir a pressão arterial de Pedro. Cento e oitenta por cem milímetros de mercúrio. Estava bastante alta. Sua pressão normal era cento e vinte por setenta.

Dr. Marcondes chegou ao hospital e também ficou surpreso com a notícia da não autorização do procedimento. Solicitou um contato com o plano de saúde, porém não conseguiu falar com o auditor responsável pela desaprovação da operação. O mesmo só trabalhava no turno da tarde. Não havia alternativa, precisavam aguardar sua chegada na empresa para verificar o ocorrido. Cirurgia transferida, por enquanto, sem nova data agendada.

Pedro retornou ao hotel com uma leve dor de cabeça, deitou na cama e ficou aguardando o telefonema do Dr. Marcondes, que após conversar com o auditor lhes orientaria os próximos passos. Maria permanecia grudada no telefone fazendo ligações para a família, explicando o contratempo, falando mal do plano de saúde.

Eram 19h quando o telefone tocou. Dr. Marcondes, com uma voz sensibilizada, explicou dos motivos do contratempo. Infelizmente, o plano de saúde de Pedro não oferecia cobertura naquele hospital. Em Porto Alegre, apenas outro hospital, no qual o médico não era credenciado, estava habilitado pelo convênio. Restava a Pedro escolher fazer a cirurgia com Dr. Marcondes e pagar as despesas por conta própria, ou procurar outro médico no hospital autorizado pelo plano de saúde.

As dificuldades encontradas por Pedro para realizar a cirurgia não pararam por aqui. Vou encurtar a história. O casal retornou para Nova Veneza carregando na bagagem o caroço no pescoço, a decepção com o plano de saúde, a angústia de mais uma espera e a necessidade de angariar fundos para realizar o tratamento. Um contratempo muito comum, mas, dificilmente compreendido até ser vivenciado. O casal sentiu na pele, na alma e no bolso.

Conversaram com a família e decidiram vender o carro para pagar as despesas hospitalares. Combinaram com Dr. Marcondes remunerar seus honorários com cinco cheques pré-datados. Ajustaram novamente com familiares para atender no armazém e cuidar dos filhos durante o tempo de internação. A vida, pensava Pedro, estava se mostrando como um quebra-cabeças, onde, por não identificarem a posição correta das peças, precisavam remanejar muitas vezes, até acertar o ponto certo.

Visitaram mais uma vez o padre da paróquia, que desta vez lhes deu uma bênção especial. Desta feita, voltaram a Porto Alegre confiantes e esperançosos na cura. Nada mais poderia dar errado. Antes de entrar na sala de cirurgia, Pedro deixou escorrer algumas lágrimas pelo olho esquerdo. Segurou firme a mão de Maria, disse a ela que seu pai falecera numa mesa de cirurgia, mas com ele isso não aconteceria. Disse do seu amor por ela, beijou sua mão, fixou seus olhos nos olhos dela e pediu que cuidasse dos filhos, caso algo de ruim lhe acontecesse.

Maria não chorou, queria se mostrar forte diante do marido. Mas ela chorou sim. Acalmou o marido e chorou sozinha na sala de espera. Não era aquela fortaleza sentimental que aparentava ser. Foi um longo tempo derramando lágrimas. Nunca soube precisar quanto, para ela pareceram dias. E não eram simples lágrimas, eram rios de pranto, angústia e dor.

As horas se arrastavam e, diante da incerteza sobre os rumos da cirurgia, Maria sentiu o quanto sua vida estava ligada afetivamente com Pedro. É possível que nunca tivesse parado para pensar ou falar sobre isso com ele.

Três horas depois de Pedro ter entrado no bloco cirúrgico, Maria recebeu informações sobre o procedimento. A cirurgia foi realizada sem maiores intercorrências e considerada um sucesso. Aliviada com a boa notícia, agarrou a mão do Dr. Marcondes e a beijou com fervor, como costumava fazer com o padre nas missas de domingo.

Pedro recuperou-se normalmente, sem sequela alguma. Durante os sete dias seguintes de recuperação conviveu com seu colega de quarto, João da Cruz, que aguardava há quase seis meses por um rim para transplante, e rezava freneticamente, todas as manhãs agradecendo a Deus por lhe prover recursos para enfrentar a doença de seu corpo. Pedro chegou a acompanhá-lo em algumas orações.

Uma semana depois da operação recebeu alta hospitalar.

– Pronto, você está curado, pode retornar a sua vida normal, disse Dr. Marcondes em tom triunfal. Pedro retornou para Nova Veneza substituindo o caroço no pescoço por uma cicatriz, um símbolo de toda a jornada de cura.

Curado?

Até agora a história foi contada por Pedro e transcrita por mim. Daqui para frente, a narrativa é minha.

Enquanto Pedro contava a epopeia de suas dificuldades até chegar ao hospital, encarava-me fixamente, raramente desviando o olhar cansado, e ao mesmo tempo, sincero e penetrante. Muitas vezes deixava escorrer algumas lágrimas, mas envergonhado, apressava-se em enxugar com um lenço de papel. Embora nunca tenha vivido no interior, desconhecendo as nuanças do que ouvia, sentia-me íntimo de Pedro e sua história. Algo me cativara, não conseguia definir direito a origem. No entanto, sabia que algumas vivências, quando traduzidas, perdiam sua identidade. Escutei muito, falei pouco, mas acredito num sentimento recíproco de intimidade.

Fiquei curioso por conhecer Nova Veneza. Pedro havia me contado a história da cidade de aproximadamente quinze mil habitantes, descrito a gôndola original vinda da Itália, as casas de pedra tombadas pelo patrimônio histórico, as fábricas de roupas com grife vendidas inclusive no exterior, a festa anual da gastronomia. Explicou a maneira correta de sentar na gôndola, mostrou fotos do grupo de danças folclóricas, a praça central com sua iluminação colorida à noite, seu armazém com os sacos e cestas de produtos vendidos a granel. Conheci Nova Veneza através dos olhos de Pedro, fiquei entusiasmado e me interessei por conferir. Era a mesma sensação de assistir um filme muito bom, e querer visitar a cidade onde foi filmado.

Frequentemente sou convidado pelos professores Rosemiro Sefstrom e Beto Colombo a dar aulas no Curso de Especialização em Filosofia Clínica da Universidade do Extremo Sul Catarinense (Unesc) em Criciúma. Numa dessas viagens, pedi a Beto que me levasse à Nova Veneza. Aproveitando a oportunidade, decidi visitar meu querido Pedro. Por que não? Assim como antigamente os médicos iam à casa de seus pacientes, tomei a iniciativa de fazer uma surpresa e aparecer em seu armazém para saber como andava a vida.

Maria estava no balcão e logo me reconheceu. Abraçou-me como se fosse um velho amigo e, em seguida, desabou num choro copioso. Pedro estava em casa descansando, já não ficava mais tanto tempo no armazém. Segurando sua mão, esperei o choro passar e nos sentamos para conversar, cada um de um lado do balcão de pedra que servia de aparador para as compras. Naquela hora o armazém estava calmo, nenhum freguês por perto.

Perguntei como andavam as coisas, se Pedro estava bem, se a vida havia voltado ao normal. Mais uma vez o pranto voltou, desta vez fraco, entremeado com palavras. Não quis fazer nenhum juízo de valor, mas aquelas lágrimas não me pareceram de felicidade. Talvez as coisas não estivessem tão bem. Fiquei em silêncio, esperando que ela retomasse a fala.

Maria contou-me que com o pescoço curado, Pedro começou a sentir outras dificuldades. Estava com problemas para dormir à noite. Tomava ansiolíticos, eventualmente apresentava crises de pânico e passou a bater no filho mais velho, quando suspeitava deste ter ingerido álcool em alguma festinha. Não era mais aquele Pedro conversador e cativante, parecia não ter mais paciência para bater papo. Era como se o procedimento cirúrgico, ao retirar o caroço, tivesse removido junto a essência de Pedro. Nitidamente ele era uma pessoa antes da cirurgia e outra depois.

Maria também não estava bem. Ficou hipertensa, passou a tomar calmantes e o casal abandonou definitivamente o grupo de danças folclóricas. Diante desse relato, pensei em tentar ajudar a família Girardello, modificando a condição de Pedro. Deixaria de ser meu paciente para, daqui em diante, se tornar meu partilhante. Um amigo precisando de ajuda.

Sabe-se que eventos marcantes tais como perda de emprego, morte de familiar, divórcio, grandes cirurgias, internações hospitalares prolongadas, podem desencadear aflições emocionais com sintomas de tristeza, baixa de humor, fadiga, choro, perda de apetite, irritação, sonolência, baixo desempenho profissional. Eventualmente, alguns médicos não consideram o contexto no qual os sinais e sintomas ocorrem e selam o diagnóstico baseado apenas na existência das manifestações que o Manual Diagnóstico e Estatístico de Transtornos Mentais (DSM) cataloga.

Assim, a tristeza humana normal, provocada por circunstâncias externas, tais como todos os contratempos enfrentados por Pedro pode, ocasionalmente, ser classificada e confundida como uma experiência anormal, sendo então rotulada e estigmatizada com alguma patologia catalogada nos manuais. Hoje em dia, o distúrbio da moda é a depressão, e inúmeros medicamentos foram introduzidos no mercado farmacêutico visando normalizar esses sintomas e socializar novamente os indivíduos desajustados.

Pensei em ajudar Pedro com remédios existenciais. Conhecia sua historicidade, sua estrutura de pensamento e o drama vivenciado desde o surgimento do caroço no pescoço. Gostaria de tentar auxiliá-lo a superar as dificuldades expressadas. Não mais como médico anestesiologista; minha função havia terminado quando de sua alta hospitalar. Agora pretendia socorrê-lo com a abordagem da filosofia clínica. Talvez, do ponto de vista emocional, Pedro ainda estivesse anestesiado, precisando ser despertado com a assessoria de um filósofo clínico. Pedi uma orientação ao Professor Beto Colombo, e, de imediato, perguntei a Maria se poderia visitá-los em casa, à noite.

Encontrei um Pedro diferente daquela pessoa no hospital. Estava curado do caroço no pescoço, mas ainda sentia muita dor. Era a alma que agora lhe doía. Pedro se transformara em um homem apático, desanimado, frio e desleixado. Seus olhos, nem de longe, pareciam aqueles cativantes, quando, meses antes, pedia ajuda.

Cumprimentou-me com um aperto de mão mecânico, protocolar, sem força alguma e ficou em silêncio. Parecia indiferente com minha presença. Respondia perguntas com monossílabos, acenos positivos e negativos com a cabeça. Sorrir, nem pensar.

Disse a ele estar visitando Nova Veneza influenciado por seus relatos durante a hospitalização e gostaria muito de conhecer alguns lugares que despertaram minha curiosidade, especialmente o Rio São Bento, onde costumava pescar na infância. Apreciaria muito se Pedro pudesse ser meu guia nesse passeio. Precisei insistir muito até que concordasse em me acompanhar. Combinamos sair cedo na manhã seguinte, fazendo o caminho até o rio. Pensei que, talvez voltando aos lugares que lhe fossem familiares, o Pedro da infância, impedido de brincar por uma série de compromissos domésticos impostos, pudesse agora, na vida adulta, ser resgatado e se libertar.

Antes de me despedir, perguntei qual tipo de roupa deveria vestir e se haveria a possibilidade de fazermos o trajeto a cavalo. Inesperadamente, Pedro pareceu se animar, levantou rapidamente do sofá, pediu que aguardássemos alguns instantes enquanto telefonava para uns amigos, providenciando os animais. Retornou sugerindo-me vestir uma sunga por baixo das calças e um boné. Os cavalos e as toalhas de banho ele mesmo providenciaria. Precisaríamos sair por volta das 8h, para aproveitar bem o dia.

Pontualmente cheguei ao local de encontro na praça central. Pedro já estava montado em pelo num belo tordilho, alisando suas crinas. Pareciam grudados, tamanha a comunhão de seus corpos. Minha montaria era um cavalo zaino, e estava equipado com arreios, embocadura e tudo mais para me deixar em segurança. Expliquei ser um homem da cidade, sem prática nas lidas rurais e solicitei a Pedro que assumisse o comando da excursão. Ele acenou positivamente e bradou: "Certo, companheiro!"

Partimos trotando lentamente pelas ruas calçadas da cidade e logo alcançamos as trilhas de terra batida. Pedro apontava para as plantações de milho, os lotes de feno, as parreiras espalhadas em espaldeiras verticais. A cada gesto, seus olhos voltavam a ter um brilho especial. Extremamente ágil, animado, feliz. Estava em seu chão, aquela era sua vida natural.

Em cada lugar por onde passávamos apontava algo, lembrava de alguém, uma história surgia. Contou que uma vez, quando ainda menino, visitava seu tio na beira do rio, o cavalo se desvencilhou da cerca onde fora amarrado e fugiu. Pedro precisou voltar caminhando para casa. Foi muito tempo de caminhada, ficou com fome, sentiu um pouco de medo dos caminhos escuros. Quando chegou, mesmo sendo abraçado por seus pais aflitos com a demora, recebeu castigo por não ter amarrado o cavalo direito.

Paramos em frente a uma pequena plantação de uvas, onde recebi uma longa e detalhada explicação sobre a forma de cultivo e poda. Era o sítio que lhe fornecia as uvas e o suco para venda no armazém. Conversamos com o proprietário, Seu Leopoldo, que gentilmente nos levou para degustar as uvas nos parreirais. Pedro parecia uma criança, se deliciando com as uvas como se fossem os doces servidos nas antigas festas dominicais da igreja.

Cavalgamos por quase vinte minutos até chegar à beira do rio. Pedro foi bastante atencioso com minha inexperiência, mas não evitou fazer poeira na estrada para que sentíssemos o cheiro de terra espalhada no ar. Tio André já falecera e sua casa havia sido vendida, mas acampamos no mesmo local onde costumavam pescar e tomar banho. Amarramos os cavalos em uma árvore. Pedro perguntou se havia algum problema em tomar banho de rio após a cirurgia. Respondi que poderia ter uma vida normal, sem exageros, levando seu dia a dia como antes da operação. Imediatamente desvestiu as calças e mergulhou no rio.

Acompanhei-o no banho. A água estava numa temperatura bastante agradável e ficamos nadando, mergulhando e boiando por uns 30 minutos. Sem Pedro perceber minha intenção, pedi que mostrasse suas mãos. Apontei que estavam enrugadas, imediatamente ele soltou uma bela gargalhada, entendendo ser hora de sairmos da água.

Ele estava relembrando o prazer da sua infância. Agora, no entanto, o papel de tio, irmã, mãe, pai era representado por mim. A ideia era fazer Pedro relembrar os fatos e sensações agradáveis esquecidos com a maturidade.

Pedi para Pedro me ensinar a fazer caniços para pescarmos lambaris. Não foi preciso pedir uma segunda vez. Imediatamente partimos em busca de taquaras, linhas de *nylon* e iscas. O rio era uma fonte de lambaris. Colocávamos o anzol na água e em seguida já tínhamos peixes. Fizemos uma competição para ver quem pescava mais. Pedro venceu com uma vantagem expressiva. Lembro que chegou a ironizar, dizendo: "Médicos sabem operar, mas, fora do hospital, não sabem nem prender uma isca no anzol". Abracei-o pela vitória. Senti o abraço sincero de um amigo. Seus olhos já não eram tristes nem pediam socorro. Eram olhos de contentamento, euforia, bem-estar.

Colocamos os peixes na sacola térmica e seguimos nosso passeio. Havia solicitado a ele que me levasse para conhecer a goiabeira onde conhecera Maria. A árvore ainda estava no mesmo lugar, com as frutas pedindo para serem colhidas. Pedro fez uma manobra com o cavalo, ergueu-se em seu dorso e, como um menino travesso, segurou um galho e trepou na árvore. Pediu para estender a toalha de banho para aparar as frutas que ele recolheria. Em questão de minutos, tínhamos goiaba suficiente para muitos doces.

Ainda sob a sombra da árvore, pedi a Pedro que repetisse a história do primeiro encontro com Maria. Contou-me, então, detalhes omitidos no hospital, com receio de constranger sua esposa. Lembrou o sorriso meigo de Maria, a maneira carinhosa como lhe agradeceu as frutas, a insegurança sentida na primeira vez que tocou sua mão, a textura da sua pele, especialmente o cheiro e a maciez dos seus cabelos.

Ele, ao partilhar suas lembranças, revivia a época de namoro. A moça era muito bonita, encantadora e alegre. Pedro, ao contrário, um rapaz tímido. O fato de Maria ter tomado a iniciativa de pedir as frutas facilitou o início da relação. Ela gostava do lado acanhado e inseguro como ele se comportava. Dizia que era um bom homem.

Quando regressamos a Nova Veneza, Pedro era outra pessoa. A alegria tinha voltado, estava animado, disposto, contou para a família os detalhes das peripécias realizadas. Abriu a sacola e orgulhosamente foi retirando peixes e goiabas como se fossem troféus. Convidou-me para degustar os lambaris, preparados por Maria, enquanto bebericávamos vinho da colônia. Já passavam das 22h quando me dei conta do horário. O dia passou muito rápido. Cansado, despedi-me da família. Combinei retornar na manhã seguinte para conversarmos um pouco mais.

No outro dia, encontrei um Pedro desperto, sensível, conversador. Cumprimentou-me com um forte abraço e uma expressão de bem-estar. Convidei-o para uma caminhada leve, queria lhe prescrever outros remédios existenciais. Nada de alopatia, apenas um acervo de sensações gostosas da infância. Alguma luz interna para quando perdesse o rumo ou encontrasse algum sofrimento pela frente. Quando tivesse vontade, poderia recorrer a esse jardim das boas recordações.

Pedi a Pedro para relembrar como era a sensação de dar banho nos cachorros naquela época. Inicialmente precisei estimulá-lo. Recordei suas palavras no hospital contando sobre como perdia a noção do tempo enquanto brincava com os animais. Não foi necessário muito mais. Ele novamente estava lá na sua infância, entrou no quintal de sua casa, avançou em direção aos cães e prosseguiu o relato.

Eram dois cachorros e uma cadela chamada Lessie, como no filme. Era a mais quieta, em compensação, a mais carinhosa e apegada. Sempre fazia muita festa quando Pedro aparecia no portão. Abanando o rabo, o esperava voltar dos compromissos para se atirar em seu colo com muitas lambidas. Numa manhã, depois de um passeio, Pedro foi fazer uma atividade, e, ao retornar para o quintal, Lessie havia sumido. Procurou por horas, dias, semanas. Ninguém soube dar conta do animal. Os parentes mais antigos tinham teorias, dizendo que quando um animal some, ele o faz porque sabe que está doente e vai morrer. De fato, Lessie era muito velha. "Isso também me marcou. Quando descobri que estava doente, tive vontade de sumir, acho que é algo que podemos compartilhar com os animais, não?", disse-me Pedro.

Ao relembrar dados sensoriais, pensamentos, conceitos, Pedro passou a percepcionar o banho com os cães. Suas lembranças eram imagens, ganhavam vida e interagiam com ele. Não era um simples ato mecânico, era uma vivência do banho dos cães.

Continuei a conversa dizendo a Pedro que não era necessário estar fisicamente no Rio São Bento, como fizéramos no dia anterior, para sentir-se bem. Ele poderia resgatar da memória aquela vivência, à semelhança do que estávamos fazendo com o banho dos cães. Da mesma forma poderia cortar a grama na chuva, andar a cavalo, colher goiabas com Maria, cavalgar com sua irmã Gina, bailar no grupo de danças folclóricas. Quando se irritasse ou ficasse incomodado, poderia revisitar esses lugares dentro de si mesmo. Tentava orientar Pedro sobre a eficácia desses medicamentos da sua própria farmácia interior.

Antes de me despedir e voltar para casa tomamos um sorvete de limão siciliano no *Gheppo* – Gelato e café, bem na esquina da praça central. Convidei-o para sentir o sabor, o aroma, a temperatura, o frescor da fruta gelada. Lembrei a ele que poderia voltar a ter todas essas sensações de duas formas: retornando fisicamente e comprando mais um sorvete ou relembrando aquele prazer a qualquer hora. Por vezes, saborear o sorvete em pensamento pode ter um gosto bem melhor.

3

Curandeiros, terapeutas, filósofos, médicos

A preocupação com o bem-estar existencial acompanha o homem desde os primórdios. Inicialmente os cuidados eram voltados para a sobrevivência. A rejeição a substâncias amargas, a procura de abrigos para o frio, calor e chuva, a necessidade de repousar, comer, beber, são comportamentos instintivos de autopreservação. A doença também esteve presente; epidemias dizimaram comunidades e impérios ao longo da história.

As doenças que não pudessem ser entendidas como resultado direto das atividades cotidianas – quedas, cortes e lesões obtidas durante as caçadas ou lutas – eram explicadas pela ação sobrenatural, onde atuavam deuses, demônios e espíritos diversos.

Os registros mais antigos de cuidados com a saúde datam, aproximadamente, dez mil anos. Consistiam de terapias que ultrapassavam os limites do corpo físico. O pensamento mágico-religioso foi um fator determinante para o desenvolvimento inicial da prática médica. Nas diferentes culturas, o papel da cura estava entregue a indivíduos iniciados: sacerdotes, xamãs, pajés, benzedeiras e curandeiros.

Considerados líderes espirituais, com funções e poderes de natureza ritualística, mágica e religiosa, mantinham contato com o universo sobrenatural e com as forças da natureza. Utilizavam cânticos, danças, infusões, emplastros, plantas psicoativas, jejum, reclusão, tabaco, calor, defumação, massagens, escarificações, provocação de vômitos e pequenas perfurações nos crânios dos necessitados. Existem inclusive relatos de sacrifícios humanos e de animais nessas práticas transcendentes. Buscavam afastar os espíritos malignos e realizar a cura. Durante a história da humanidade, os curadores sempre utilizaram o recurso da mágica e do mistério para as práticas curativas, assim detinham uma forma de poder e autoridade.

No Egito, o exercício da cura guardava uma estreita ligação com a religião, afinal, os médicos da época atendiam os faraós, considerados a encarnação dos deuses. Dessa forma, desenvolveram várias técnicas de tratamento experimental e milagroso das enfermidades, até mesmo emplastros feitos com vísceras de leões ou elefantes. Graças aos trabalhos desenvolvidos por esses práticos e estudiosos, temos até hoje a preservação dos corpos mumificados dos faraós.

O apogeu da civilização grega representou o rompimento com a superstição e as práticas mágicas. Surgem as explicações lógicas e racionais para os fenômenos de saúde e doença. Filósofos começam a deixar de lado as tentativas de compreensão do universo e da física e passam a refletir sobre questões relativas à vida humana: felicidade, amor, coragem, justiça. Nesse contexto, Platão formula o conceito de doença da alma, ao perceber um algo mais além do corpo físico. Assim, tanto a doença do corpo poderia causar a doença da alma como o inverso também seria possível.

Os grandes médicos gregos eram também filósofos da natureza. Procuravam entender as relações entre o homem e seu meio, desvinculando a doença de uma intervenção divina.

A medicina, entretanto, só se constituiu em ciência com os primeiros relatos e experimentos de Hipócrates, há mais de dois mil e quinhentos anos. Era considerado o tipo perfeito de médico: culto, humanitário, calmo, puro de espírito, sério e discreto. Dizia Hipócrates, sobre a arte médica: "Seus elementos são o doente, a doença e o médico, sendo este, o servidor desta arte". Pregava o filósofo/médico ser impossível o conhecimento do corpo sem o conhecimento do homem como um todo.

Ainda segundo Hipócrates, "a doença provém do desequilíbrio dos humores, determinantes dos temperamentos. Todo corpo tem, em si mesmo, os elementos para recuperar-se. É só a natureza que cura, devendo o médico limitar-se a seguir seus passos". Partindo da observação das funções do organismo, suas relações com o meio natural (periodicidade das chuvas, ventos, calor ou frio) e social (trabalho, moradia, posição social), desenvolveu uma teoria que entende a saúde como o equilíbrio entre o homem e seu meio.

Considerado o pai da medicina, estabeleceu, em sua prática, quatro princípios fundamentais:

1) Jamais prejudicar o enfermo.

2) Não buscar aquilo que não é possível oferecer ao paciente, os famosos milagres.

3) Lutar contra o que está provocando a enfermidade.

4) Acreditar no poder de cura da natureza.

Os médicos hipocráticos eram atentos observadores. A base da semiologia atual já era realizada naquele tempo na Grécia: exploração do corpo (ausculta e manipulação sensorial), conversa com o paciente (anamnese), entendimento sobre o problema (raciocínio diagnóstico), estabelecimento de procedimentos terapêuticos (tratamento).

A Idade Média foi marcada pela expansão e o fortalecimento da Igreja. O cristianismo afirmava a existência de uma conexão fundamental entre a doença e o pecado. Doenças passaram a ser entendidas como castigo de Deus ou possessão do demônio. Assim, as práticas de cura deixaram de ser realizadas por médicos e foram outorgadas aos religiosos.

As terapias da medicina clássica foram trocadas por rezas, penitências, invocações de santos, exorcismos, unções e outros procedimentos para purificação da alma. O corpo físico, apesar de albergá-la, não tinha a mesma importância. Como esses recursos quase sempre falhavam, a alternativa cristã para o avanço das doenças era oferecer conforto espiritual. Morrer equivalia à libertação.

O grande desafio na Idade Média foi vencer as imposições e proibições da religião. Ao propor a sacralização do corpo humano, a Igreja impediu dissecações e o próprio estudo das partes internas do organismo, travando assim, de certa forma, a evolução dos estudos e a própria medicina. Somente a partir do século XV, houve autorização para as primeiras dissecações. Os corpos escolhidos eram de criminosos condenados e havia uma longa e penosa burocracia até que um cadáver fosse liberado para estudos anatômicos. No entanto, isso não bastava, alguns médicos, ávidos por conhecimento, aguardavam a execução de uma pessoa, para, logo em seguida, roubar seu corpo e examiná-lo nas primeiras horas após a morte.

A partir do século XVII as nações do mundo europeu passaram a se preocupar com o estado de saúde de sua população. O interesse era puramente mercantilista. Não estavam nem um pouco preocupados com humanismo. O governo precisava ter mais trabalhadores para aumentar a produção, estabelecer fluxos comerciais, entrada de moeda e, consequentemente, dinheiro para pagar exércitos e tudo que pudesse assegurar a força real de um Estado.

Surgiram corporações e universidades médicas para normatizar a profissão da medicina, atribuir diplomas e desenvolver o saber médico. No entanto, a medicina, em seus primórdios, não era curativa, basicamente praticava a exclusão dos enfermos.

Durante as epidemias, logo que alguém começava a apresentar os sintomas da doença (lepra, p. ex.), era imediatamente excluído do espaço comum urbano e exilado noutro lugar. Medicalizar era mandar o doente para fora, para bem longe, e, por consequência, purificar os demais.

Pessoas consideradas loucas, malfeitores, devassas, prostitutas também eram submetidas a essa regra.

Pobres tinham necessidade de assistência médica gratuita, mas além disso, e talvez mais importante para a época, estava o fato de que eram possíveis candidatos a doenças contagiosas, portanto, perigosos. Hospitais serviam como instituições de assistência material e espiritual aos que estavam morrendo. Hospital não era um lugar para o doente ser curado, e sim, um lugar para ser excluído, morrer em paz. Esse trabalho era realizado por religiosos, praticando ações caritativas de assistência e transformação espiritual. A função médica não aparecia nem se fazia necessária.

Os pacientes internados chegavam em condições de higiene deploráveis. A função hospitalar, numa primeira instância, não era voltada à doença propriamente dita, mas ao meio que a circundava e a produzia: água, ar, temperatura, alimentação. Dessa forma, o hospital era um local onde os internos poderiam viver purificados dos efeitos nocivos e da desordem de suas casas ou da sujeira daqueles que perambulavam pelas ruas e esgotos.

Quem detinha o poder e a administração do hospital eram os religiosos. Médicos eram chamados para os casos muito graves; sua visita era mais uma justificativa do que uma função real. Até o final do século XVIII existiam pouquíssimos médicos; estes prestavam atendimento em seus consultórios ou no domicílio dos pacientes. Seu prestígio era adquirido proporcionalmente ao número de curas espetaculares que praticavam.

A intervenção médica na doença era organizada em torno da noção de crise. O médico deveria observar o doente e a doença desde seus primeiros sinais para descobrir o momento de instalação da crise. Era chegada a hora de confrontar a natureza sadia do indivíduo com o mal que lhe atacava. A cura parecia um jogo, no qual o médico deveria prever a evolução, prognóstico, ver para qual lado a batalha se encaminhava e favorecer, na medida do possível, a vitória da saúde sobre a doença.

Do médico se postulava uma impassível e longa série de observações e cuidados, demandando um tempo que não dispunha. Doenças se multiplicavam, pacientes cresciam em proporção geométrica, e os médicos da época não conseguiam mais dar conta de tantos cuidados. Precisavam de ajuda.

Seus consultórios, inicialmente pequenos cômodos improvisados em suas próprias residências, precisaram ser repensados. Longas filas de pacientes e familiares circundavam a moradia do médico, perturbando a ordem familiar e da vizinhança. Surgiram então as ancestrais precursoras das atuais salas de espera. Bancos e cadeiras foram espalhados em uma sala contígua à sala onde o médico atendia.

Havia uma pretensa ordem de atendimento de acordo com a hora de chegada ao consultório. Médico e pacientes tratavam de controlar para que ninguém "furasse a fila". Casos graves ou urgentes tinham prioridade, e a decisão era feita pelo médico na medida em que se apresentassem. Ainda não existia a figura da secretária, no entanto, por vezes, um organizador de fila se fazia presente.

Não havia mais como prorrogar o nascimento de um hospital curativo em substituição aos quase já ultrapassados hospitais excludentes. Um local onde o médico pudesse ser o principal responsável pela organização, internação e cuidado dos pacientes necessitados de observação e cuidados intensivos.

A presença do médico passa a se afirmar e multiplicar no interior do hospital, que não mais exclui, ao contrário, pretende agora uma medicina individualizante. O indivíduo será observado, seguido, registrado, conhecido e, quiçá, curado.

Em uma fase inicial, o médico precisou treinar pessoas para realizar os cuidados que antes eram exclusivamente de sua responsabilidade. Limpar, fornecer medicações, alimentar, tranquilizar, vigiar, registrar, trocar curativos. Dessa forma, nasce a enfermagem, atividade irmã da medicina, destinada a auxiliar o médico no cuidado aos seus pacientes.

O preparo das receitas mais ou menos secretas, poções e medicamentos também demandavam o já tão escasso tempo do médico, que precisava dividir-se entre pacientes, fabricação de fármacos, família, estudos e pesquisa. A solução encontrada foi abrir o segredo das receitas e delegar a manufatura dos medicamentos a outras pessoas. Inicia-se, assim, o pilar para a primeira indústria derivada da medicina: a farmácia. A partir do século X surgem as boticas ou apotecas, como eram conhecidas na época. Nesse período, medicina e farmácia ainda eram uma só profissão. O boticário também assumiu a responsabilidade de conhecer e curar as doenças, mas para exercer a profissão deveria cumprir uma série de requisitos e ter local e equipamentos adequados.

Outras atividades formaram-se a partir da necessidade de auxílio ao trabalho médico: laboratórios diagnósticos, fisioterapia, seguro-saúde, órteses e próteses, terapia ocupacional, assistência social, psicologia.

A crescente especialização da medicina ocidental contemporânea, positivista, mecanicista cresceu a ponto de o médico perder o controle. A saúde dos pacientes não está mais somente nas mãos da doença, do doente e do médico, como pregava Hipócrates. Várias indústrias interagem e assumem o comando quando o assunto é saúde. Confundiu-se o papel de quem atende e quem está sendo atendido. O ser humano que procura auxílio em determinado momento difícil de sua vida, passou a existir como cliente da instituição ou plano de saúde, e não mais um paciente do seu médico.

O médico ainda exerce e conhece muito bem seu ofício como curador da doença, porém, por vezes, esquece seu papel existencial de cuidador dos pacientes. Assim como aqueles velhos pajés e xamãs faziam, o vínculo desenvolvido entre curandeiro e doente, envolvendo uma dimensão de cuidado subjetiva e singular ainda é necessário. Apesar dos avanços científicos e tecnológicos, o homem não mudou. Continua como sempre foi. Diante da doença, necessita, antes de tudo, confiar em quem o trata.

4

Corporeidade

Ao longo da história, pensadores tentaram compreender o funcionamento do corpo humano. Quais seus limites, desejos, funções. Alguns se detiveram no aspecto anatômico (cabeça, tronco e membros), outros analisaram do ponto de vista fisiológico. Alguns o percebiam numa acepção da carne material, sua condição física, objética, inanimada; outros compreenderam o corpo como fenômeno, dotado de sentimentos e emoções.

Platão (século V a.C.) acreditava que a natureza humana carregava em si a cisão de dois mundos, separando corpo e alma. O corpo, com suas inclinações e paixões, contaminava a pureza da alma racional, impedindo-a de contemplar as ideias perfeitas e eternas. Assim, o corpo tornava-se uma prisão para a alma, um obstáculo à sua realização do ideal de bem e verdade.

A aproximação entre corpo e alma era impensável na antiguidade grega. Nessa época não havia o conceito de um mundo criado por Deus, ou um ser pessoal com destino transcendental. Aristóteles também seguia nessa mesma linha de raciocínio e dizia: "o corpo atinge a perfeição aos 35 anos, a alma só aos 50".

Santo Tomás de Aquino (século XIII) superou a cisão platônica, na medida em que via uma evolução gradual e ininterrupta dos seres até o Ser Supremo. O homem, para Santo Tomás, era uma unidade substancial de alma e corpo.

Não obstante a ideia de carne, na Idade Média, estar sempre associada à ideia de pecado, e prevalecer o costume de mortificar o corpo para purificar a alma, a crença cristã, a respeito da criação do mundo, não permitiu aos pensadores considerarem o corpo como algo indigno, era apenas algo sem valor existencial. Para os filósofos da Idade Média, a verdadeira essência do homem era sua alma.

René Descartes (século XVII) cavou um profundo abismo entre o mundo material e espiritual, constituindo espírito e matéria em dois princípios distintos e irreconciliáveis. Tinha certeza apenas de seu ser pensante. "Sempre duvido desse objeto que é meu corpo; a alma é mais fácil de ser conhecida que o corpo. Embora eu tenha um corpo ao qual estou muito estritamente ligado, na medida em que ele é apenas uma coisa extensa, e que não pensa, é certo que este eu, isto é, minha alma, pela qual sou o que sou, é inteira e verdadeiramente distinta de meu corpo. Penso, logo existo", dizia Descartes.

Com Francis Bacon, empirista inglês do século XVIII, as compreensões se inverteram, ocorrendo então uma grande valorização do corpo como um instrumento de intuição sensível. A função sensorial do corpo, juntamente com a razão, serão fontes de conhecimento do mundo. Assim, na ciência e na técnica, corporeidade e espírito unem-se para dominar a natureza.

John Locke (século XVIII), outro representante do empirismo inglês, reduziu o corpo a um instrumento do espírito, e como tal, deveria ser mantido forte e saudável para poder executar suas ordens. Dessa forma, o objetivo final da educação física seria propiciar, por meio da conservação da saúde e do desenvolvimento de destrezas corporais, a formação do caráter e da moralidade.

Para Jean-Jacques Rousseau (século XVIII), as paixões, enraizadas nas necessidades corporais, efetivam-se com o intuito de satisfazer os instintos naturais, estão na base de todo ato humano e impulsionam a razão.

Merleau-Ponty (século XX) via o corpo como o veículo do ser no mundo. Nele são armazenadas todas as significações vividas. Através dele é possível ver, interagir, perceber e ser percebido. Diz o filósofo: "O corpo é o modo de acesso aos objetos, ao mundo, ao saber, é ato humano que atravessa todas as dúvidas possíveis para instalar-se em plena verdade, que nos faz conhecer existências e problemas vividos, estando presente em cada momento, como recriação ou uma reconstituição do mundo".

A filosofia clínica enxerga o corpo como um fenômeno. O corpo que somos e não o corpo que temos. Eu sou um corpo e não o corpo que tenho. Essa é uma distinção fundamental, pois a partir desse conceito, os limites do corpo se ampliam. Suas fronteiras não ficam mais restritas ao conteúdo abaixo da pele. "O limite do corpo ultrapassa a epiderme da alma", canta a vocalista brasileira Zélia Duncan.

Quando alguém se diz pequeno, pode não estar falando sobre sua estatura, mas da experiência existencial na qual sente-se apequenado. Ao pegar a mão da namorada, o rapaz não está apenas tocando a pele, articulações, músculos e vasos. Ele está tocando a mão da pessoa amada e demonstrando seu afeto e carinho através desse contato.

Uma mãe, ao presenciar a filha morrendo de câncer, não reage como alguém testemunhando a corrosão de um simples corpo anônimo. Seu sentimento pode ser o da própria morte ao lado da filha. O menino está indo mal na escola e isso, eventualmente, pode se traduzir por hipertensão no pai. Se o filho não come, para algumas mães, é como se elas mesmas não comessem. Uma palavra mal pronunciada pode machucar, doer, sangrar mais que uma surra.

Sentimentos podem ser traduzidos por sensações corporais. O medo, por exemplo, pode causar reações como tremor, sudorese, taquicardia e dilatação das pupilas. Por mais que a pessoa procure disfarçar, o corpo pode emitir sinais involuntários. Assim como o medo, para algumas pessoas a ansiedade pode se expressar através de sinais na pele, pulmões, coração.

O corpo precisa chorar e colocar para fora suas dores existenciais. Provavelmente, quando as lágrimas não descem pelos olhos, abrem uma ferida no corpo aristotélico até encontrar uma saída, uma forma de se manifestar. Hipertensão arterial, psoríase, herpes, queda de cabelos, contrações musculares, gastrites, diarreias, úlceras, enxaquecas, insônia, pesadelos, podem ser lágrimas somatizadas.

Conflitos emocionais podem causar desequilíbrios hormonais e esses, por sua vez, se manifestarem através de sintomas no corpo. Nem sempre sintomas físicos são resultado de patologias orgânicas, podem ser evidências somáticas de dores da alma.

Quando uma pessoa passa a necessitar de doses maiores de insulina para controlar sua diabetes ou quando a pressão arterial começa a se elevar, o simples aumento na dose da medicação pode ser considerado o tratamento efetivo ou, apenas, alívio dos sintomas? Por vezes a medicação traz os valores para a normalidade métrica, mas como efeito colateral, encobre a origem do distúrbio.

Uma grande decepção, família desfeita, perda de emprego, assédio moral, humilhação crônica, são exemplos de contextos que vão expressar suas dores em algum lugar. Nem sempre precisa ser no corpo, mas pode ser importante saber por onde se chora, por que e por quem se chora. O corpo também pode ser uma festa, um templo, uma fonte de emoções e sentimentos. Um lugar para sorrir, chorar, viver.

No entanto, algumas pessoas não são corporais e não percebem o corpo como instrumento de relação e linguagem. Dispõem de seu corpo apenas como instrumento de locomoção e proteção. Utilizam-no como couraça e só se darão conta de sua corporeidade quando alguma ferida se manifestar através da armadura que envergam.

O corpo físico pode ter extensões. Telefone celular e computador, por exemplo, ficaram íntimos e incorporados à rotina das pessoas, tornando-se difícil viver longe deles. Quando o celular estraga, alguns podem até entrar em desespero, adoecer. Determinadas pessoas são capazes de matar se alguém arranhar ou bater em seus carros ou barcos. Cuidam de seus objetos de prazer melhor que de si próprios. Esse fenômeno de extensão corporal acontece com família, amores, animais de estimação, amigos, plantas, automóveis, casas, bibliotecas. Muita gente prefere gastar suas economias trocando de carro, viajando, fazendo festas suntuosas e desprezando uma cirurgia, uma consulta médica ou um *check-up*. Até onde vão os limites do corpo?

Corporeidade é um conceito mais abrangente, envolve a maneira como o cérebro reconhece e utiliza o corpo, um instrumento relacional com o mundo. Para que se possa reconhecer a corporeidade, é preciso encontrar um caminho que conduza em direção ao mundo dos outros.

Assim, corpo e corporeidade são conceitos distintos. Corporeidade é enxergar o corpo não apenas como matéria, mas como um ser constituindo-se em seus desdobramentos existenciais. A corporeidade faz-se na diversidade dos sentidos e significados ao longo da história.

O estudo formal do corpo humano iniciou nos primórdios do século XIV com as primeiras dissecções oficiais nas universidades italianas, controladas pela igreja. O corpo foi anatomizado e dividido em pedaços para melhor entendimento. Dessa matéria sem vida nasceu a medicina moderna: corpos-cadáveres nos quais o homem não está presente.

Dessa forma, após vários séculos reafirmando o paradigma cartesiano de um corpo formado por partes com existência própria, é chegado o momento de um novo olhar sobre o corpo: a corporeidade. A concepção positivista de Descartes não mais atende às nossas necessidades, podendo, até mesmo, implicar uma negligência do ser humano em suas relações.

A noção de separabilidade remete ao princípio cartesiano segundo o qual é preciso, para resolver um problema complexo, decompô-lo em elementos simples. Esse princípio se traduziu cientificamente na especialização, depois na hiperespecialização disciplinar. Um número considerável de profissionais encontra-se em um processo de especialização voraz, com uma percepção reduzida da realidade, tendo como indicadores modelos conceituais insuficientes.

Sócrates já dizia: "Só sei que nada sei, e o fato de saber isso, me coloca em vantagem sobre aqueles que acham que sabem alguma coisa". Quantos milímetros de pele, músculos, tecidos e ossos ainda precisarão ser ultrapesquisados para que possamos dizer, com segurança, que dominamos apenas uma pequena, senão a menor parte do conhecimento acerca daquilo que chamamos de corpo humano? Talvez não haja sentido em colocarmos um paciente sob a lente implacável de um microscópio ou tomógrafo para se chegar a respostas definitivas e irrefutáveis. O corpo humano é complexo demais para ser reduzido à soma de tantas contas e dados isolados.

Quando um paciente procura o médico, a busca por exames visando o diagnóstico ainda se resume ao corpo aristotélico. A partir da sintomatologia, do resultado dos exames, o indivíduo é classificado, de acordo com os padrões da época, como saudável ou doente. Uma parte ínfima do corpo está sendo examinada.

No registro do saber, a medicina se tornou um conjunto de especialidades. Lugar de onde o médico vê um fragmento, um órgão, um sistema em estado de descompensação funcional. Esse olhar focado do perito deixa escapar a pessoa em sua totalidade. Os detalhes da fisiopatologia, os micro-organismos, as informações numéricas sobre os testes do laboratório, as imagens dos órgãos, o mecanismo de ação das drogas são analisados como os dados mais respeitáveis e dignos de confiança para um diagnóstico preciso. Os demais aspectos, fora desse campo de conhecimento, são considerados adorno, refinamento intelectual, devaneio. E em qualquer uma dessas dimensões, a dor, a angústia, o sofrimento do doente são considerados inócuos para a *performance* médica.

O paciente, assim descrito em seu desamparo, não tem como confiar mais no médico, pois o encara, na melhor das hipóteses, como o veterinário de seu corpo animal. Enfim, como dizia Platão, essa modalidade de prática médica é uma medicina para escravos, na qual as dimensões da palavra e do acolhimento compreensivo do enfermo foram excluídas da experiência clínica.

A menina adolescente, 13 anos de idade, foi conduzida ao clínico geral por apresentar desmaios. Ao realizar esforços físicos de maior intensidade, sua cabeça rodava, as mãos esfriavam, a vista escurecia e, por alguns instantes, ela se ausentava de si e caía ao chão. O mundo lhe parecia estranho e, mais ainda, seu corpo, que não respondia a seus comandos.

O médico a escutava e tentava, com uma ou outra pergunta, construir um diagnóstico, classificar os sintomas, nominar a doença. Buscava algum sentido para aquele desfalecimento. Os esforços eram duplos, a menina se lançava, de maneira desesperada, a narrar seus males, e ele se esforçava, racionalmente, para identificar seu mal. Finalmente, depois de um certo tempo deliberando e descartando patologias graves, o médico comunicou seu diagnóstico: essa menina tem apenas um problema nervoso, não é nada. Nada?

A garotinha, por muito tempo, conviveu com o estigma de menina nervosa. Tinha a sensação de algo indescritível e escuro se escondendo dentro dela sob o manto do que se denominava problema nervoso. Um belo dia, uma evidência física a salvou. Seus olhos amarelaram e, afinal, pôde ser identificada uma doença catalogada nos manuais: hepatite crônica. Seu corpo a salvou de ser identificada como alguém desimportante para os médicos.

Sua rota de vida quase foi transmudada por uma consulta, por um diagnóstico. A menina, recém-saindo da infância, meio desvairada, de vez em quando tinha uns chiliques. Com olhos amarelados ou não, ficava perplexa com um corpo em transformação acelerada. Assustada e ingênua com essas sensações esquisitas que invadem sem pedir licença os corpos adolescentes, ficou a salvo de uma condenação, um rótulo que poderia mudar para sempre os olhares sobre ela e seu próprio destino.

O diagnóstico de uma doença ou transtorno específico: histérica, nervosa, disléxica, por exemplo, não se resume apenas a uma informação objetiva e neutra. É um agendamento integrando-se na dimensão social, com efeitos que poderão ser incorporados e assimilados na dimensão somática.

Ao rotular um paciente como deficiente auditivo, tuberculoso, hemiplégico, nervoso, bipolar, evidencia-se uma corporeidade desconsiderada, sem relação direta com os distúrbios apresentados. A síntese de uma totalidade em poucas palavras ou siglas, como se não houvesse um ser humano em sua completude e suas circunstâncias.

No século XVIII, o diálogo médico se iniciava com a pergunta "O que é que você tem?" Uma mudança, que à primeira vista pode parecer ínfima, foi decisiva para uma nova compreensão da corporeidade. Uma pergunta diferente surgiu e passou a ser utilizada: "Onde dói?" Com essa pequena intervenção ocorreu uma redistribuição do significado em todos os níveis da experiência médica, entre os sintomas que significam e a doença significada, entre o acontecimento e o que ele prognostica, entre a lesão e o mal assinalado por ela.

A coincidência exata do "corpo" da doença com o corpo da pessoa doente é um dado histórico, transitório, passageiro. Seu encontro só é evidente e claro para nós, que modestamente ainda temos pouco ou quase nada de conhecimento acerca da corporeidade. Estamos apenas começando a separar a configuração do mal com seu espaço de localização objetiva corporal.

Um sintoma não significa quase nada em si mesmo, mas tomará sentido e valor, começará a falar, se entrar em composição com outros elementos. No estado patológico só existe um pequeno número de fenômenos principais. A ordem nas quais aparecem, sua importância, suas diferentes relações é que darão pistas sobre o nascimento e as variantes da doença.

Vejamos o exemplo da paciente que foi procurar o médico com um sintoma de dor contínua no braço, antebraço e mão esquerda. Havia, recentemente, mudado de cidade para acompanhar seu marido, transferido de trabalho. Deixara seu cargo de professora titular, na universidade em Porto Alegre e, provisoriamente, fazia trabalhos no lar e tentava se adaptar à nova situação de vida.

A suspeita inicial do médico foi angina de peito. Solicitou exames de rotina e prescreveu medicação sintomática. Oito dias mais tarde, com a posse dos exames normais e a dor na mesma situação, retornou ao médico. Este fez o diagnóstico de dor muscular, devido ao excesso de peso carregado durante a mudança. Nova medicação prescrita, sem sucesso. Quinze dias adiante, a doença abriu a ferida e mostrou sua forma material e crua: herpes zoster.

Essa crise (herpes) foi o momento preciso, onde a natureza profunda da doença subiu à superfície e se deixou ver. Foi quando o processo doentio se desfez de seus entraves, se libertou de tudo aquilo que o impedia de completar-se e, de alguma forma, mostrou sua verdade e força.

A terapêutica atual consiste em suprimir o mal, em reduzi-lo à inexistência, por vezes, tratando apenas o sintoma. A paciente foi consultar-se com dor no braço e recebeu tratamento antianginoso, quando, na verdade, estava incubando um herpes zoster, provavelmente de causa ansiogênica.

Para uma terapêutica racional da doença, bem-fundamentada, não seria melhor permitir seu desenvolvimento, deixando que a ferida característica do herpes se evidenciasse antes de tratá-la? Quando se deve intervir e em que sentido? Será mesmo necessária alguma intervenção? Deve-se agir no sentido de permitir o desenvolvimento da doença ou no sentido de contê-la? Agir para atenuá-la ou conduzi-la a seu termo?

O diagnóstico depende de uma sintomatologia visível e uma análise verbal. O desafio médico consiste em integrar, em um só quadro, uma estrutura visível e legível. A percepção daquilo que é visto na superfície do corpo, pelo olho clínico do especialista, e a escuta, por este mesmo profissional, da referência verbal do paciente. Nem sempre os sintomas vão se manifestar na ordem dos manuais. Nem sempre o que aparece é o que dói. Nem sempre uma dor significa doença.

Nessa pulsação regular da palavra e do olhar, a doença, pouco a pouco vai mostrando sua verdade. Numa versão própria, ela se dá a ver, ouvir, perceber. Mas para isso é preciso um olhar e uma escuta que se abstenham de intervir: o silêncio investigativo.

No momento em que o médico perguntou a Pedro como ele se sentia, a resposta foi: "Tudo bem, estou ótimo!" No entanto, os exames laboratoriais mostravam o contrário. Médico e paciente estavam falando de coisas diferentes, corpos diversos. Enquanto um se referia a um exame demonstrando o aneurisma na carótida, o outro respondia, de maneira coloquial, como se estivesse conversando com seu compadre em Nova Veneza. Estavam em lugares diferentes: o médico no consultório e Pedro na pracinha. Sobre a dor do adoecer e o desamparo, nada foi tangenciado. A relação do médico com Pedro não era mais uma relação médico-paciente. Passou a ser uma relação do médico com o aneurisma de carótida.

A maioria das pessoas entende ética médica como tratar o outro como gostaríamos de ser atendidos. No entanto, isso é um vício de linguagem, pois o médico não deve tratar o paciente como ele (o médico) gostaria que lhe tratassem. Precisa cuidar do paciente como este deseja, ou melhor, ouvi-lo como gostaria de ser escutado.

Comportar-se como um observador atento, tendo a sabedoria de esperar, silenciar a imaginação, acalmar o espírito, gerenciar os juízos subjetivos acolhendo e aprendendo com os dados que vão se mostrando. Ouvindo a linguagem no momento em que percebe o espetáculo, num instante único, mágico. Ao reconhecer no especialista esse olhar diferenciado, uma escuta atenta, num jeito singular de atender e cuidar, o paciente pode compreender ou sentir seu médico como um bom companheiro de caminhada, e, a partir dessa identificação, iniciar uma jornada de confiança e bem-estar.

Quando falamos em salvar uma vida não estamos nos referindo ao processo de curar o corpo ou uma doença. Pode-se salvar uma vida, ou várias, do ponto de vista da historicidade. São momentos em que o paciente tem a chance de redimensionar sua existência, reencontrar um sentido para si mesmo, sua jornada, sua dor existencial e até mesmo para sua partida.

Toda a teoria se cala ou se esvanece no leito do doente, para ceder lugar à observação e a experiência. O paciente fala com o corpo inteiro, desde a ponta dos pés até a raiz dos cabelos. A verdade médica deve ser procurada de dentro para fora. O ser humano é dinâmico, não é uma imagem, um exame laboratorial fragmentado ou um quebra-cabeça desfeito.

Na obra *A morte de Ivan Ilych*, escrita em 1886 por Leo Tolstoy, pode-se sentir o comovente drama de quem adoece e o leque de possibilidades envolvidos na aproximação da morte. Ivan é um juiz bem-sucedido, de uma família tradicional, casado com uma mulher bonita, com filhos sadios e bem-educados. Com o passar do tempo, Ivan desenvolveu uma atitude de total indiferença com a família. Da esposa exige apenas tarefas mecânicas, como servir-lhe o jantar, ser uma dona de casa e fazer-lhe companhia na cama. Seu relacionamento com os filhos não é muito melhor, lidando com eles de maneira bastante superficial. Além disso, passa a exercer suas funções como juiz de forma também mecânica, omissa.

Um belo dia Ivan acorda com uma dor intensa e incessante. A dor se torna mais e mais excruciante. Ivan não resiste e é forçado a consultar os médicos. Nenhum deles, no entanto, lhe dá um diagnóstico preciso, embora fique claro, desde o início, se tratar de uma doença terminal. Assim, Ivan se depara com sua mortalidade. Um processo desconcertante para quem, até então, tinha uma ideia da morte como mera abstração.

Com a continuidade da dor, aumentam os problemas na vida de Ivan. Sua capacidade de trabalho é afetada pela aflição da dor. Não pode mais utilizar seu ofício como fuga de sua vida supérflua de casado. Devido à doença, as pessoas começam a desprezá-lo, demonstrando pouquíssima empatia com sua provação. Seu estado assusta os outros, que sentem-se desconfortáveis por ter de lidar com alguém morrendo. Tratam-no como moribundo, um estrangeiro intruso em seus mundos confortáveis. Esperam que sua desagradável presença simplesmente desapareça.

As pessoas, anteriormente tidas como amigas, tratam-no agora do mesmo modo que ele as tratara no passado, com indiferença. Até mesmo sua esposa considera a doença um contratempo. Sua busca é por compaixão, no entanto, ninguém está preparado para lhe dar isso.

Em seu leito de morte, Ivan ainda espera por uma cura milagrosa. Nesse ponto da história percebe que o acúmulo de riqueza, a casa grande, o poder político e uma mulher bonita eram estéreis, desprovidos de sentido. Aterrorizado, ele se defronta com a pergunta: "E se toda a minha vida tiver sido errada?"

Uma conclusão assustadora para se fazer pouco antes de morrer. Essa questão provoca mais dor em Ivan, superando a aflição de sua própria enfermidade. É a dor de se confrontar com a verdade, de saber que sua vida poderia ter sido provida de significado e conteúdo, mas não teve valor. Neste momento já é tarde demais para fazer algo a respeito.

Se alguém lhe referir alguma dor, pode acreditar, está doendo. Em algum lugar está a fonte dessa dor, mesmo que não seja visível. No que diz respeito às percepções, não estamos lidando com a realidade sensorial, mas com impressões subjetivas. Onde dói e porque dói são mistérios que nem sempre serão desvendados à primeira vista, nem por isso precisam ser suprimidos ou condenados. O acolhimento e a escuta atenta podem ser o único remédio de que o paciente necessita.

5
Singularidade

*E os que foram vistos
dançando foram
julgados insanos pelos
que não conseguiam
ouvir a música.*

Friedrich Nietzsche

A ideia de singularidade é muito antiga. Inicialmente, vamos recorrer a Protágoras, filósofo grego, quando diz: "O homem é a medida de todas as coisas", buscando ensinar sobre o sentido de o homem ser a medida exata de tudo quanto pretenda mensurar, ou seja, existe um mundo em cada pessoa.

Ancorado nesse referencial da existência, o homem vai se moldando. Daí podem brotar questionamentos como: Quem sou eu? De onde venho? Para onde vou? Tais reflexões propõem um conhecimento mais profundo de si e do mundo onde está inserido. Nesse sentido, as vivências, sensações e percepções de cada um tornam-se inéditas, singulares.

Duas pessoas podem estar no mesmo lugar, mesma temperatura, mesma roupa, no entanto, cada uma sente o calor de forma diferente. Pedro, ao descobrir o caroço no pescoço, imaginou ser vítima de um castigo divino; João da Cruz, seu vizinho de quarto no hospital, com uma doença renal grave e necessitando um doador para transplante, apresentou reação bem diversa, agradecendo a Deus por lhe dar condições de tratar a doença e ter a família por perto. Ambos com distúrbios no corpo físico, mas dores existenciais diversas. Em cada um, a dor se manifestou, foi mensurada objetiva e subjetivamente como uma vivência única.

O mundo é minha representação. Assim o filósofo alemão Arthur Schopenhauer inaugura sua mais famosa obra: *O mundo como vontade e representação*, lançando um novo olhar sobre a singularidade humana. Diz o pensador que o conhecimento do homem sobre o mundo fala mais do homem em si, de sua busca em se conhecer do que o próprio mundo, pois o homem só tem acesso ao que o mundo lhe mostra através dos fenômenos que atingem sua percepção singular.

Em outras palavras, quando Pedro refere gostar de chimarrão, destacando seu sabor, essa é uma vivência própria, nem sempre possível de ser partilhada com outras pessoas, tal e qual lhe acontece. Cada ser humano vai representar as coisas, os eventos do mundo de um jeito próprio, de acordo com as suas referências existenciais.

Assim, também durante uma consulta médica deve-se ter cautela sobre a experiência e significado daquele encontro. Não se pode pressupor que o sentimento daqueles momentos de interseção tenha sido igual para médico e paciente. Pode ser difícil saber sobre as sensações alheias, mas é possível realizar aproximações pela via da reciprocidade.

O *Dicionário da Língua Portuguesa* aponta a expressão singularidade como algo relativo a um só. Peculiaridade distintiva essencial. Em tese, todos esses conceitos englobam a mesma ideia central: cada pessoa tem seu próprio modo de ser, se relacionar, entender e partilhar a vida. Nesse sentido, a filosofia clínica apresenta-se como um novo paradigma metodológico. Seu fundamento teórico reside na filosofia. Sua prática, na abordagem clínica de consultório, hospitais, escolas e empresas.

A Medicina tradicional, enquanto ciência, procura explicar a doença e a normalidade através de sistemas clássicos, tornando possível a previsibilidade e o controle, identificando as alterações e os desvios do padrão estabelecido. Essa padronização consta em manuais descritivos, através dos quais se pode fazer a comparação dos sintomas do indivíduo com aqueles descritos nos manuais universais (CID-10).

O viver e seus desdobramentos foram se tornando, ao longo da história, alvos de exames diagnósticos, avaliações e julgamentos. Inventou-se uma forma de avaliar a normalidade das pessoas através de uma medicalização que pretende dizer o que são os sujeitos, como funcionam, e o que é melhor ou pior para o bom funcionamento existencial. A diferença passou a ser enquadrada como anormal, patológica, ficando os especialistas com a sapiência suprema a respeito do corpo de seus pacientes.

Assim, como resultante dessa especialização caberá ao nutricionista saber da nossa alimentação. O psicólogo cuidará dos afetos e emoções. O médico tomará conta da saúde e da doença. O educador físico vigiará o corpo, o dentista tutelará os dentes. As anomalias deverão ser corrigidas, qualquer falta preenchida. Rugas passaram a ser vistas como degenerações, seios caídos pela maturidade e ação da gravidade são considerados anormais, choro em excesso deve ser tratado.

Até há pouco tempo, o diagnóstico de diabetes era feito com uma taxa de glicose sanguínea acima de 110mg/dl. Hoje o limite baixou para 100mg/dl. Como pode uma pessoa ter sido considerada normal até ontem e hoje, por decreto de especialistas, ser rotulada de diabética sem jamais modificar sua taxa de açúcar no sangue? O pâncreas continua a produzir a mesma taxa de insulina, os receptores do hormônio continuam captando com a mesma intensidade, mas agora este órgão passou a ser considerado insuficiente e doente. Nosso amigo, antes considerado gordinho, hoje é classificado como dislipidêmico, acima do limite da obesidade ou obeso mórbido. Dessa forma, as pessoas foram sendo classificadas, sem que soubessem, em doentes, portadores deste ou daquele transtorno.

A Medicina, anteriormente um ramo das ciências humanas, pouco a pouco foi mudando seu enfoque, apoiando-se, cada vez mais, nas ciências exatas. Se o indivíduo apresentar certo número de sintomas, descritos em determinado transtorno catalogado no manual diagnóstico e se desviar do padrão normal estabelecido, será enquadrado como doente. Tristeza + inapetência + sono + crises de choro + dificuldade de realizar tarefas + duração prolongada = depressão.

Para que se possa entender a gravidade desse tipo de diagnóstico, podemos mencionar, sob cunho estritamente didático, a postagem de mensagens no facebook. Quando um indivíduo insere semanalmente fotos rodeado de familiares e amigos, sorrindo, brindando, em lugares chiques, podemos concluir que temos um diagnóstico de felicidade?

Juntar vários sintomas sob uma única rubrica (doença) pode não contribuir para o entendimento da fisiopatologia; ao contrário, a nomenclatura pode aumentar a confusão e retardar as possibilidades de uma intervenção eficaz. Por exemplo, quando o médico afixa a etiqueta "hipertensão essencial", o paciente supõe tratar-se de uma desordem específica, bem-definida e plenamente conhecida. No entanto, o termo "essencial", no dialeto médico, significa não ter a menor noção da causa. O sintoma hipertensão será tratado, sua causa ficará desconhecida.

A conclusão sobre a categoria diagnóstica de alguém é feita de forma quantitativa, de acordo com o número de sintomas apresentados. Quanto mais sintomas, maior convicção em reduzir o indivíduo a uma doença. A singularidade desaparece e a pessoa passa a ser vista pela categoria médica em que será encaixada. É comum o médico se referir a um paciente não mais pelo seu nome, mas pela patologia apresentada. Exemplo: No leito número um, temos uma apendicite, e no leito número dois, uma hérnia de hiato.

O sujeito torna-se secundário ao universal. A classificação passa a determinar o singular e, dessa forma, ele deixa de existir, passando-se a enxergar uma categoria de doença. Pedro seria reduzido a um aneurisma de carótida, necessitando de cirurgia, a qual ainda não foi autorizada pelo plano de saúde. Relacionar-se com o indivíduo como categoria implica o abandono da pessoa como singularidade, significando a dor de Pedro como uma coisa, algo a ser tratado, transformando-o em um objeto passível de mensuração e manipulação.

A visualização do homem como um sujeito em sua totalidade, buscando entender as causas do seu sofrimento, os significados, desdobramentos existenciais, o contexto, as maneiras de lidar com o processo de adoecimento constituirão a abordagem da filosofia clínica. Destacando o viés singularidade como determinante das intervenções clínicas, a pesquisa da historicidade assume função essencial. Onde nasceu, cresceu, desenvolve seu cotidiano, suas crenças, interseções, valores, buscas... Ter em mente a singularidade do partilhante (pessoa em atendimento) é importante para conseguir chegar mais perto de entender o homem como um ser único, com sua lógica própria de adoecer e um motivo particular para desenvolver sua doença.

Assim, permitindo à pessoa expressar suas dores, angústias e tormentos, pode ser possível chegar à origem da doença, uma vez que a cura não está na erradicação do sintoma, mas sim na exploração da queixa, para que seja possível reorganizá-la junto as suas causas.

Antigamente a medicina era exercida em função da autoridade e do saber médico inquestionável. Nos tempos passados, ginecologistas não realizavam a assepsia de seus espéculos (instrumento para enxergar o interior de cavidades) entre o exame de um paciente e outro. Afirmavam não ser necessário ou desconheciam os riscos de infecção. Muitas mulheres contaminaram-se, e uma grande quantidade delas perdeu a vida devido a essa má prática, comum entre os médicos da época. Atualmente a medicina baseia-se em evidências científicas, ou seja, utiliza os resultados de estudos epidemiológicos para interpretar e escolher a melhor intervenção aos seus pacientes.

Assim, se hoje um ginecologista ainda quisesse utilizar espéculos em série, sem assepsia, deveria procurar estudos epidemiológicos que tivessem sido acompanhados por um número suficiente de casos em um período de tempo adequado, para ter evidências científicas sobre a inexistência de alterações na saúde referentes à sua prática.

Amparados pela ciência, médicos prescrevem terapias esmiuçando cada vez mais exames, livros e manuais, em detrimento do sujeito que está a sua frente. Quando um paciente apresenta determinados sintomas e os exames diagnósticos confirmam a suspeita inicial, hoje em dia, os médicos facilmente enquadram-no em uma patologia baseados nas amostragens de cura de um protocolo reconhecido universalmente e aplicam o tratamento proposto. O movimento da medicina baseado em evidências orienta o processo de tomada de decisão pelos melhores índices disponíveis.

Na maioria dos casos funciona. No entanto, nenhum indício científico, por mais valioso que seja, será suficiente isoladamente. A partir do encontro clínico combinando as informações científicas com as particularidades, necessidades e expectativas de cada caso, é que se constrói o conhecimento. A partir dessas informações torna-se possível uma explicação para o problema do paciente, uma hipótese diagnóstica e uma opção terapêutica.

Alguns resultados médicos são inadequados. Isso acontece, não por falta de intervenções técnicas apropriadas, mas devido ao pensamento conceitual equivocado. As enfermidades podem ter tratamento universal replicado, o mesmo não se aplicando ao sofrimento.

Quando a doença entra em contato com um ser humano, produz uma melodia única, chamada sofrimento. Ele não é igual para todas as pessoas. Não pode ser universalizado, como o conceito de doença na medicina, tampouco ter um tratamento padronizado em manuais. Tratar o sofrimento do adoecer é uma arte, não pode ser copiado ou replicado. É singular.

Sua manifestação vai além da dor física. Envolve a quebra da integridade e a identidade da pessoa. Inclui também as limitações práticas, as relações sociais, as incertezas quanto ao futuro, o medo da incapacidade, a dependência e a possibilidade de morrer. Por vezes, implica o abandono de projetos e perspectivas existenciais. Pode ser necessário reconstruir a autoimagem, redefinir valores, cogitar sobre o que ainda resta viver.

Há pacientes sofrendo por alguma doença conhecida. Outros padecem sem enquadramento possível numa classificação dos manuais. Há aqueles onde os flagelos continuam, mesmo após a cura da medicina tradicional. Ainda outros mais, que sofrendo por se haverem descobertos portadores de uma doença não sintam-se, em absoluto, doentes.

Os conceitos mudaram. Antigamente o paciente escolhia as opções para se sentir bem. Hoje as indicações estão nos manuais que determinam como o paciente deve ser tratado e se comportar. Quando a pessoa é reduzida a uma doença, deixamos de vê-la inteira e a perdemos de vista. O ser humano é muito mais que a descrição dos manuais.

É costume chamar quem vai consultar o médico ou dentista de paciente. A filosofia clínica não utiliza essa palavra, busca promover uma diferenciação. Para esse novo modelo de abordagem clínica, mesmo que a pessoa esteja doente fisicamente é acolhida e cuidada como um ser humano em busca de ajuda. Utiliza-se a palavra partilhante, derivada de partilha, repartir, tomar parte, participar.

O partilhante participa ativamente de seu processo. Compartilha sua historicidade, estrutura de pensamento e demais questões com o filósofo clínico, o qual, em conjunto, estabelece as possibilidades de intervenção na terapia. Em filosofia clínica prioriza-se a qualidade das construções compartilhadas entre o filósofo e seu partilhante.

Eric Cassel, professor emérito de saúde pública, refere-se à singularidade dizendo: "Se eu fosse escolher o aspecto da doença que fosse mais destrutivo para o paciente, eu escolheria a perda do controle". Ivan Illich, pensador austríaco, foi mais longe: "A medicalização da sociedade pôs fim à era da morte natural".

Conquanto a medicina científica haja feito milagres, ainda restam vastas áreas de ignorância. A medicina jamais conseguirá impedir a morte, os estragos do envelhecimento ou corrigir por completo certos defeitos congênitos. Carece de soluções para a maioria dos males crônicos, como artrite, doenças do coração, doenças neurodegenerativas, autoimunes e a maioria dos cânceres. Na ausência de cura, as doenças precisam ser administradas, em geral, por toda a vida.

Maimônides, grande médico-filósofo, no final do século XII tentava solucionar essa divisão entre doença e sofrimento: "Possa eu jamais me esquecer de que o paciente é meu semelhante, transido de dor. Que jamais o considere mero receptáculo de doença".

O paciente deseja ser conhecido como ser humano, não apenas identificado como um pacote de doenças. O enfoque médico disponível busca atenuar os sintomas, deter ou retardar o rápido declínio, ajudando a manter uma perspectiva positiva e evitando que o mal assuma o controle da situação. O que mais pode ser feito na arte de curar o paciente por inteiro?

6

Alteridade

Alteridade é um substantivo feminino. Expressa a qualidade ou estado do outro, daquilo que é diferente. No âmbito da filosofia, alteridade pode ser entendida como o contrário de identidade. No contexto da medicina, pretendemos utilizar a expressão como alguém em busca de auxílio às suas dores existenciais.

A visão do outro sofreu várias alterações ao longo da história. A reflexão de René Descartes: "Penso, logo existo", foi um marco para a concepção da filosofia no que se refere a essa concepção do outro. Configurado em uma época onde predominava a insegurança, a partir deste novo conceito o ponto de partida para a existência de qualquer coisa passou a ser o exercício de uma dúvida metódica, um exercício de base racional.

Assim, o outro passou a existir e ganhar vida como um resultado da atividade intelectiva. O outro seria um conceito, uma representação criada a partir de um esforço mental do eu. Em suma, o outro nada mais seria que um eu. Um eu no casulo, que, ao final, integraria o universo de possibilidades da mente racional. O intuito de Descartes era localizar um pressuposto de maior consistência para seu sistema filosófico. Encontrou: "Penso, logo existo".

Aproximando essa forma de pensar para o atendimento médico, seria o caso do paciente/outro que procura o consultório do Dr. Descartes e mal consegue falar o que está sentindo, tampouco ser examinado. O médico assume um discurso do lugar do saber, não deixando qualquer espaço para a expressividade do paciente. O diagnóstico e tratamento já estão previamente elaborados mentalmente em consonância com protocolos que assegurem a convicção do acerto. Não importa a palavra do paciente. O olhar e a interpretação do médico preponderam.

Muitas vezes, o paciente chega a ficar confuso, pois não consegue perceber a conexão entre suas sensações, a possibilidade de se expressar e a abordagem do profissional. Uma coisa parece não ter nada a ver com a outra. É como se o médico conhecesse mais sobre a dor e a origem do transtorno apresentado que o sujeito em sofrimento.

Essa visão do outro como fruto da imaginação também pode ser observada nas pesquisas experimentais, onde as reações físicas do corpo são o alvo principal, e o ser humano transforma-se em objeto (e não sujeito) das intervenções e estudos. Existem situações onde só *a posteriori* pessoas ficam sabendo que foram submetidas à experimentação humana. Foi o caso dos linfomas, detectados em prevalência maior nas localidades em que crianças conviveram constantemente com redes de alta tensão e das leucemias diagnosticadas em operadores de radar por períodos prolongados.

Não obstante, são de estarrecer o número, a diversidade e as circunstâncias em que se cometeram abusos, dentro e fora dos campos de concentração, durante a II Grande Guerra. Abusos que, às vezes, tiveram a participação de pessoas de alto prestígio científico e com amparo de órgãos de apoio à pesquisa e de outros cuja função seria a de cuidar da saúde da população.

Inoculação experimental de sífilis em adolescentes, o não tratamento proposital de mulheres com lesões pré-cancerosas de colo do útero, a inserção intencional do vírus da febre amarela, da dengue, da hepatite, são exemplos dessa existência apenas virtual do outro, com objetivo de curiosidade científica. Podemos ir além e incluir experiências com prisioneiros de guerra, estudos sobre congelamento, ação de venenos ou radiações.

Se para René Descartes o outro era uma função do eu, no existencialismo de Jean-Paul Sartre as coisas se invertem. O eu passa a ser uma função do outro. Enquanto o movimento daquele era introspectivo, para este é na aproximação com o mundo dos outros que a vida acontece e que se constrói a identidade do eu.

Afirma o filósofo: "O homem é um ser em relação, tendo um corpo mergulhado no mundo, e deste encontro com os outros é que se constrói a identidade do eu. A consciência descobre-se a si mesma olhando para o outro, presa a ele, objetivada pela relação". Sartre afirma que o outro sempre leva vantagem sobre o eu, pois "o outro me olha e, como tal, detém o segredo de meu ser e sabe o que sou; assim o sentido profundo de meu ser acha-se fora de mim".

Na filosofia sartreana, o outro tem destaque imensamente maior que o eu.

À primeira vista, o pensador francês parecia ter descoberto como deveríamos tratar o outro, tamanho o destaque apresentado em seus estudos. No entanto, isso estava longe de significar uma positivação do outro, pois, para Sartre: "O inferno são os outros". Dizia o filósofo: "O outro também é livre, não se pode controlar o que ele pensa, o que diz e o limite que impõe à nossa liberdade". Tais condições terminam por gerar uma relação conflituosa, pois ao mesmo tempo em que estranhamos quem é diferente, por nos mostrar perspectivas desconhecidas, também precisamos desse olhar crítico para nos conhecer e interagir no mundo.

A medicina defensiva é um bom exemplo dessa tese, ao sugerir que o médico veja em todo paciente um inimigo em potencial, passível de processá-lo a qualquer momento. Para evitar problemas, essa percepção da medicina recomenda aos seus seguidores utilizar todos os meios a seu alcance: contratos, consentimentos informados, e, até mesmo, solicitar exames desnecessários para salvaguarda.

Segundo Sartre, uma das atitudes tentando minimizar os efeitos desta contradição (precisar/não gostar do "outro"), seria a indiferença frente ao outro. Uma espécie de autoengano; pois, apesar de nossa indiferença, ele permanece ali, nos vê, captura, e o conflito apenas é escondido, disfarçado, escamoteado. Assim descreve o filósofo: "Quase não lhes dou atenção; ajo como se estivesse sozinho no mundo, toco de leve pessoas, como toco de leve paredes; evito-as como evito obstáculos; sequer imagino que possam me olhar... Essas pessoas são funções: o bilheteiro é apenas a função de coletar ingressos; o garçom exerce a função de servir os fregueses".

Sem jamais ter lido nada sobre Sartre, algumas tribos africanas, vivendo abaixo do Saara, praticam desde a Antiguidade a ética ubuntu, que em linguagem zulu significa "uma pessoa se torna uma pessoa por causa das outras". Para esses povos, quando uma pessoa passa por outra e não a cumprimenta é como se recusasse a vê-la, tentando negar-lhe a existência.

As representações do médico elaboradas sobre o saber de seus pacientes, eventualmente negando-o ou desqualificando-o, podem, de certa forma, impor uma situação de ignorância a estes. Para alguns profissionais os pacientes deveriam vir com a história pronta, os eventos em sequência cronológica, e relatar apenas o mais importante do ponto de vista clínico.

Quando pacientes faltam às consultas, apresentam resistência ou abandonam o tratamento, podem ser vistos como desqualificados, com falta de interesse e até mesmo desrespeito para com o atendimento médico. Muitas vezes aquilo que está acontecendo é apenas uma forma, consciente ou inconsciente, de protesto contra a maneira desleixada e indiferente como estão sendo abordados.

Existem muitos tipos de paciente: queixosos, rebeldes, agressivos, hostis, reivindicadores, questionadores, autodestrutivos, dóceis, cordatos, obedientes, não comunicativos, cronicamente deprimidos, e também não aderentes ao tratamento. Alguns misturam perguntas existenciais com descrições vagas e contraditórias dos sintomas. Outros esquecem ou escondem detalhes importantes; grande parte costuma mentir para o médico.

Esse comportamento pode dificultar, confundir, até mesmo irritar o profissional praticante de uma medicina focada na doença e objetivada na cura. No entanto, nem sempre as falhas inexplicáveis da terapêutica podem ser atribuídas apenas à expressividade do paciente. É na qualidade do relacionamento médico-paciente, ou melhor, na falta de um acolhimento de qualidade que a percepção sobre o desmerecimento de suas queixas se manifesta e por onde se inicia a não adesão e o insucesso do tratamento.

Martin Buber nos apresenta uma versão diferente das anteriores. Para ele, esse outro, ao se afirmar como pessoa, tem um conteúdo positivo por ele mesmo, não dependendo do conhecimento de ninguém. No entanto, ainda não é uma alteridade absoluta e total, pois sua relação com o outro é simétrica, ou seja, se realiza no mesmo plano, onde um julga ter a capacidade de conhecer integralmente os demais, abrindo espaço para disputas e tentativas de dominação.

Aqui, o médico, ao julgar conhecer as necessidades, fragilidades e expectativas de seu paciente/outro, prescreve o tratamento, cobra a recíproca de adesão, a gratidão pela atenção e o afeto disponibilizados no atendimento. É o procedimento mais comum em nossos dias, mas ainda não o ideal.

Histórica e didaticamente partimos da noção de compreensão do mundo na esfera racional, um eu epistemológico (Descartes). Passamos para a alteridade como uma negação de um eu (Sartre). Depois para uma percepção autoafirmativa (Buber), para chegarmos na alteridade absoluta de Emmanuel Lévinas. Esta última, por ser tão "outra", exige uma grande responsabilidade do eu sobre ela. Uma responsabilidade infinita da qual o eu não consegue se esquivar.

Para Lévinas, o outro deve ser respeitado em sua totalidade, em sua dimensão ampla e absoluta. A humanidade do encontro entre um saber que goza de legitimidade (medicina) e o desamparo do outro/paciente, aliviando a miséria do sofrimento humano, é o que dá sentido a toda a ciência.

A questão que se segue é: Quem é o outro? Quais seus limites?

Para Lévinas esse outro é um ser pleno de conteúdo; no entanto, é separado do eu por um abismo, tornando-se impossível desvelá-lo por inteiro. Esforçar-se por conhecê-lo na totalidade redundará em uma redução do indivíduo a um conceito, uma doença, um rótulo. Isso significa apossar-se dele, suprimir a diferença, negar sua autonomia.

Alguns médicos, na ânsia de demonstrarem seu saber ou na pressa de se livrarem dos pacientes, prontamente fornecem diagnósticos e tratamentos. Nesses casos, não ocorrem trocas, não há escuta, apenas uma captura do paciente/sujeito/outro, que será transformado em conceito/objeto/doença. Todas as possibilidades de alteridade lhes serão negadas. Exemplo: cefaleia = analgésicos; dor abdominal na criança = vermífugos; febre = antibióticos. Nada de acolhimento, compreensão, envolvimento. O foco é a resolução do sintoma, de forma rápida e impessoal.

Continua Lévinas: "Por estarem em planos diferentes, por mais que o eu se esforce para tentar compreender/tematizar o outro, esse transcende o eu. O outro é inatingível e não pode ser transformado em objeto ou colonizado com as ideias, regras e pensamentos de um baseado na premissa de que o outro não sabe e eu sei mais e melhor que ele. O outro se afirma, de modo radical, como sujeito de sua condição, jamais como objeto. Ele terá algo de inconformado, inadaptado ao corpo biológico ou a um conceito, será incapaz de curvar-se ou se deixar dominar". São aspectos invisíveis emitindo sinais e reivindicando o olhar do médico. Algo real, que não pode ser visto.

Veja-se o caso da maternidade para entender a natureza desse cuidado absoluto com o outro. Ao carregar alguém em seu ventre, o corpo materno é vulnerável, velando pelo bem daquele que abriga e do qual é refém. Um corpo separado do outro e que o abriga. Ao protegê-lo, o corpo da mãe é infinitamente responsável por ele, vive para esse outro, ainda desconhecido.

É capaz de doar seus nutrientes, mesmo lhe sendo essenciais. É uma existência de alteridade radical, pois a vida do outro conta mais que a do eu, que é capaz de sacrificar-se por ele. A maternidade é um caso da impossibilidade ética de abandonar outrem a sua própria sorte. Ao cumprir sua vocação (ser para o filho que está em seu ventre), esse corpo torna-se uma subjetividade, uma mãe.

Partindo da premissa que o médico é preparado e treinado para oferecer seus conhecimentos técnicos universais aprendidos nos livros e na faculdade, podemos, por aproximação, supor que a possibilidade de um encontro com a singularidade do paciente é uma utopia. Essa espécie de saber não está preparada para uma abordagem face a face. O universal não consegue dar conta da singularidade do outro.

Talvez a principal dificuldade para um encontro dialogado seja o excesso de academicismo. Uma desinformação para com os aspectos intangíveis. Fenômenos que escapam pelo despreparo, pressa, excesso de tecnicismo e/ou confiança cega na medição fria e impessoal dos aparelhos. O eu solitário do médico, acreditando que tudo possa ser dominado pelo seu conhecimento e experiência, aliena-se de si, de suas emoções e passa a enxergar e vivenciar um mundo alienado ao seu redor.

A alteridade em Lévinas oferece algo diferente. O médico percebe-se capturado, de maneira semelhante à mãe com seu bebê, por algo sem tradução adequada, pelo qual se sente responsável. Transforma-se em um eu que já não está mais sozinho no mundo, e, portanto, não pode mais decidir livremente quais ações exercer. Vivencia um eu compartilhado; sua responsabilidade e decisões, a partir de agora, dizem respeito a si mesmo e ao outro. Uma responsabilidade indeclinável, a responsabilidade de um ser humano.

O papel existencial de cuidar, assumido pelo médico, deve brotar da alma, como uma vocação. Por maior que seja o cansaço, o esforço exigido ou o desânimo, há caminhos que um profissional de saúde não pode abandonar. Assim, esbarramos numa questão de método, onde, por maior dedicação e afinco que este possa ter empregado, se utilizar apenas o referencial tecnicista e acadêmico continuará distante das pessoas, pois quando se parte do universal para o singular nunca se pode ter a certeza de que as respostas serão justas. Ainda em Lévinas: "O outro é uma incógnita, e a justiça sabe que nunca será tão justa quanto a bondade da relação eu-outro que a origina".

A ocorrência de um verdadeiro encontro com o outro não pode ser de igual para igual, como apregoava Martin Buber. O outro pode ser meu próximo, mas sempre respeitando sua distância ética. O terapeuta não deve querer ir ao mundo do outro para ficar em seu lugar, experienciando sua subjetividade tal como ele próprio o percebe e vivencia. Não pode nem mesmo cogitar sobre os efeitos desse encontro. Todavia, o terapeuta deve, antes de visitar o mundo da outra pessoa, conhecer-se melhor, porque só reconhecendo as próprias experiências como legitimamente suas não as confundirá com as do outro. Qualificando a interseção consigo mesmo, não misturará as subjetividades. Com essa distância de acolhimento reconhecida será possível, ao longo da terapia, um crescimento compartilhado, onde um amadurecerá com as experiências do outro.

Talvez o maior presente para uma mãe ou um médico, ao final da vida, sejam as histórias contadas pelos filhos, pacientes e amigos. A relação médico-paciente, assim como a relação mãe-filho são eternas. Podem não estar mais juntos fisicamente ou em atendimento no consultório, mas as lembranças, agendamentos e sensações permanecerão, de alguma forma, incrustados na memória como se fossem cicatrizes. Um reconhecimento da humanidade que conseguiram atingir no papel existencial de cuidadores, pois a marca registrada de suas histórias de vida sempre se pautou em responder da mesma forma. Quando perguntados "Por onde andas tu?", prontamente respondiam "Ando por você". Uma autêntica mãe. Um verdadeiro médico.

7

Anotações sobre doenças, pacientes, remédios

A palavra *disease*, em inglês, significa doença. O prefixo *dis* tem a acepção de alteração, variação, mudança, e *ease* deriva da mesma raiz de *easy*, que significa fácil. Assim, a palavra *disease* passa a ideia de algo que não está mais fruindo facilmente, distante de sua normalidade. Em filosofia clínica o conceito é diferente, inexistem rótulos de doença, normalidade, cura ou loucura. A predominância é a história de vida da pessoa, sua estrutura de pensamento, a singularidade, os dilemas, dores existenciais e as possibilidades de qualificar o existir no seu horizonte vital.

A definição de normal geralmente remete a um padrão estabelecido. Do ponto de vista do funcionamento físico, a medicina estabelece padrões de normalidade para diversos órgãos do corpo humano. Ocorrendo um desvio, caracteriza-se a doença. No entanto, ao longo dos anos, esses valores têm sido alterados. Como já dissemos anteriormente, a glicemia sanguínea de jejum, por exemplo, já foi considerada normal com valores de 110mg/dl. Atualmente se considera normal uma taxa sanguínea abaixo de 100mg/dl de sangue. As taxas anteriores já são tratadas como doença.

Do ponto de vista psíquico, a normalidade é uma questão de adaptação da pessoa com o meio onde se encontra. Analisando sob a ótica social, esse conceito busca uma noção de igualdade ou semelhança com os demais. Pensando sob outro viés, o fato de ser bem-ajustado a uma sociedade doente pode ser considerada uma manifestação de saúde? Ser ou tornar-se diferente, no aspecto físico, psíquico ou social, pode vir a ser considerado anormal e muitas vezes entendido como doença.

A metodologia da filosofia clínica não trabalha com conceitos como normal e anormal. Todos transitam por esse universo. O problema não está em rotular doença ou normalidade, mas na maneira como se constrói essa definição. É possível rotular de normal uma pessoa que sai de casa para trabalhar às 6h da manhã, e retorna às 22h? É normal treinar três horas diárias de corrida para uma maratona? É normal chorar seis meses após a morte de um ente querido? É normal casar e seis meses depois separar? Classificar, julgar, rotular uma pessoa conhecendo-a na superficialidade ou utilizando critérios de senso comum, pode ser fonte de enganos.

Às vezes, pode fazer bem sair do padrão de normalidade. Quem não tem suas esquisitices? Cada um pode ser normal de acordo com sua singularidade. Da mesma forma, adoecemos de um jeito próprio. A doença de um pode ser saúde para outros. "Normal é apenas a pessoa que não foi suficientemente examinada" (Leônidas Hegenberg, filósofo brasileiro). Como dizia o escritor e humorista Millor Fernandes: "A única diferença entre a loucura e a saúde mental é que a primeira é muito mais comum".

Algumas pessoas podem se considerar doentes quando não estiverem trabalhando ou se sentirem obesas. São padecimentos próprios de cada um. Entre os conceitos de normalidade e doença estão os seres humanos, cada um com seu jeito único de existir.

Nem todas as doenças físicas ou psíquicas se curam com medicamentos. Algumas precisam de remédio, talvez a maioria. Remédio e medicamento não são sinônimos, nem significam a mesma coisa. A palavra remédio provém do latim *remedium*, aquilo que cura. Remédio é todo e qualquer recurso utilizado para curar, aliviar a dor, o desconforto ou a enfermidade. Repouso, acupuntura, fisioterapia, massagem, uso de ervas, alimentação saudável, banho quente ou frio, pomadas caseiras são exemplos de remédios. Remédio é aquilo que faz bem.

Comumente, também se chamam os medicamentos de remédios. A palavra provém do latim *medicamentum*, vocábulo com o mesmo tema de médico, ligado ao verbo *medeor*, significando: cuidar de, proteger, tratar. No entanto, medicamento é um produto industrializado, vendido em farmácias e drogarias. Contém um ou mais princípios ativos com ação terapêutica comprovada, associado a outros coadjuvantes a fim de promover uma melhor conservação, liberação ou absorção dos princípios ativos.

Muitas vezes não há necessidade de utilizar medicamentos para resolver problemas de saúde. Uma compressa fria em casos de contusão, ingestão de chás em casos de ansiedade, até mesmo um abraço pode ser um ótimo remédio.

Cabe aqui destacar outro tipo de remédio, a homeopatia. Um sistema medicinal alternativo, criado em 1796 pelo médico alemão Samuel Hahnemann. Desde a Grécia antiga, a medicina possui duas correntes terapêuticas, uma fundamentada no princípio dos contrários, e a outra, no dos semelhantes. A chamada "alopatia" busca suprimir os sintomas das doenças com substâncias naturais ou sintéticas que atuam contrariamente a eles mesmos. É o chamado princípio do "anti", ou seja: anti-inflamatório, antiácido, antidepressivo, antitérmico, que combatem o sintoma apresentado.

Já a homeopatia apoia-se na observação experimental de que toda substância capaz de provocar determinados sintomas numa pessoa sadia pode curar estes mesmos sintomas na pessoa doente. Ao causar em um indivíduo sadio sintomas semelhantes (*homeo*) aos que se deseja combater nos indivíduos doentes, estimula-se o organismo a reagir contra a sua enfermidade. As ultradiluições (dinamizações) são utilizadas com o intuito de diminuir o poder patogênico das mesmas, evitando quadros de agravamento dos sintomas.

Para que se consiga um reequilíbrio energético, os sintomas provocados (físicos ou mentais) devem ser semelhantes aos do indivíduo convalescente. Por conta disso, torna-se indispensável o conhecimento dos sinais e sintomas objetivos e subjetivos do paciente, a fim de encontrar a substância que mais se assemelhe e possa ter maior eficácia terapêutica. Quem desconhece o modelo homeopático de assistência pode estranhar o tempo prolongado de uma consulta e o interesse do médico em conhecer a história do paciente em suas particularidades. Um atendimento distinto dos usuais na medicina alopática, mas essencial para o sucesso da terapia.

Cícero, filósofo e estadista romano, dizia: "A filosofia é o melhor remédio para a mente". Alexandre Fleming, inventor da penicilina, ponderou: "A penicilina cura os homens, mas o vinho é que os faz felizes". Voltaire, filósofo iluminista francês, adicionou: "Uma coletânea de pensamentos é uma farmácia moral, onde se encontram remédios para todos os males". Hipócrates, pai da medicina, considerava: "Que o alimento seja seu remédio e que seu remédio seja seu alimento". Outros filósofos se seguiram em citações semelhantes.

De fato, muitas coisas podem ser remédio. Algumas pessoas, ao passar na casa da mãe e sentir aquele cheirinho de pão vindo do forno a lenha, são remetidas a boas e saudosas lembranças, que podem servir como remédio. Para outras, escutar uma música agradável, saudosa, íntima de sua historicidade pode acalmar e transformar-se em remédio.

Ir à praia, para algumas pessoas, também é remédio. Para outras, pode ser viajar, compartilhar um vinho tinto com uma pessoa querida, abraçar a companheira, tomar um café com o filho. Remédio pode ser visitar o neto, a filha, o filho, uma pescaria, caminhar sem pressa, jogar tênis, futebol.

Epicuro montou sua escola nos arredores da cidade de Atenas, em um terreno onde se cultivavam plantas. Lá, ensinou seus alunos sobre a possibilidade do homem ser feliz por si mesmo, na ausência da dor, doença e perturbação.

Seus ensinamentos eram sobre o prazer em repouso, a paz de não sofrer, a harmonia na vida e a tranquilidade que surge quando cessa a perturbação.

Referia-se a percepcionar, procedimento clínico utilizado na filosofia clínica, como um desdobramento das sensações no espaço da abstração, atuando num trânsito das vivências empíricas com as intelectivas. Seu forte impacto sensorial pode agregar bem-estar a quem possui esse dado como relevante em sua estrutura de pensamento.

Alguns pacientes ficam com o pensamento fixo em sua doença. Quando isso acontece, o próprio pensar pode se tornar um grave empecilho, dificultando sensações de bem-estar subjetivo. Muitas vezes, a pessoa precisa retornar ao seu chão sensorial. Um olhar no aqui e agora, com cheiros, sons, toques e aromas podem retirá-la de algum inferno mental com ideias complexas nas quais se meteu inadvertidamente, ou de modo planejado. Percepcionar se inicia nos sentidos, porém pode ir muito além. É o desdobramento dos sentidos em conhecimento e depois abordando o corpo. A visão das coisas começando e terminando "no corpo".

Ao solicitar a um paciente com hipertermia que utilize suas lembranças para percepcionar, recordando as condições de frio intenso (vento na praia, mergulhar no mar, ar condicionado de avião), pode-se trazê-lo, efetivamente, para uma condição de menor temperatura, evitando o uso de antitérmicos. Em casos de dor, percepcionar uma baixa temperatura pode funcionar como analgésico, similar a uma bolsa de gelo.

Pedro não precisou mais voltar fisicamente ao Rio São Bento para sentir-se bem, como nos tempos da infância.

Aprendeu ser possível recuperar, intelectivamente, aquela sensação. Da mesma forma, seria possível reviver o cortar a grama na chuva, andar a cavalo, colher goiabas com Maria, cavalgar com sua irmã Gina, bailar no grupo de danças folclóricas, dar banho nos cachorros. Cada vez que ficasse irritado, sentisse o dia pesado ou algo lhe incomodasse, poderia sair do balcão do armazém e percepcionar algo agradável.

Meu velho e querido pai contraiu uma doença terminal (fibrose pulmonar idiopática), que lhe tirou a capacidade de oxigenar o sangue. Ficou restrito a uma cama, com suplementação de oxigênio contínuo. Seus dias se resumem a ficar imóvel, sonolento, com uma respiração ofegante, um olhar parado, a voz pastosa, arrastada, quase sem alento para nada. Nem para comer se anima. Parece estar sempre cansado, mas ainda existe algo que o anima: mágicas.

Durante toda a vida foi mágico amador, alegrando festas de adultos e crianças. Quando lhe visito e apresento uma mágica nova, seus olhos brilham. Parece estar subindo, outra vez, num palco. Dá sugestões, pede para repetir, senta na poltrona, movimenta-se, apresenta o truque para os técnicos de enfermagem e a família. Esquece-se completamente da sua debilidade física e desloca-se, instantaneamente, para os holofotes de um palco. Quando termino meu repertório de mágicas do dia, ainda o escuto perguntar, feito criança: Terminou, não tem mais?

Através da síntese de medicamentos cada vez mais específicos, potentes e isentos de efeitos colaterais, a ciência tem contribuído sobremaneira para a cura de doenças. No entanto, a Unesco (Organização das Nações Unidas para a Educação, Ciência e Cultura), em 1987, já alertava: "A ciência não pode mais assistir passivamente as implicações irresponsáveis de suas descobertas. Chegou o momento complementar da união entre ciência, cultura, arte e as tradições espirituais da humanidade".

Marcel Proust, escritor francês, em seu livro *A prisioneira*, também criticou a medicina como ciência exata enclausurada em padrões e protocolos: "A natureza parece quase incapaz de produzir doenças que não sejam curtas. Mas a medicina encarrega-se da arte de prolongá-las".

A medicina inventa doenças e medicamentos mais depressa que remédios. Há medicamentos para quase todas as espécies de doenças, mas se esses medicamentos não forem compartilhados por mãos sensíveis, cuidadosas, acolhedoras, continuaremos sem curar a mais terrível de todas as doenças, a doença de não se sentir cuidado.

Um paciente com pneumonia estará tratando da sua doença ao tomar o antibiótico específico para sua infecção; no entanto, o cuidado e os remédios para sua cura implicarão, além do antibiótico adequado, a alimentação correta, as horas mínimas de descanso e sono, um ambiente protegido do frio, a ingestão mínima de líquidos e alguma administração do estresse de adoecer, se houver.

Nesse aspecto, o efeito terapêutico do médico como pessoa é fundamental. O terapeuta, de fato, ao lado do paciente, exercendo seu papel existencial de médico e funcionando como um remédio.

8

Interseções do corpo
com seu mundo

Carlos é um jovem médico, 43 anos de idade, residente em Canoas, Rio Grande do Sul. Casado há oito anos, dois filhos e uma esposa amorosa. Emprego estável. Consultório com bom movimento de pacientes. Nas últimas semanas passou a sentir uma leve cefaleia, que foi progredindo até se transformar numa enxaqueca contínua, que lhe atrapalhava a concentração, dificultando o trabalho com as pessoas.

Percebeu, por acaso, que, enquanto praticava corrida, seu esporte predileto, a dor desaparecia, retornando uns 30 minutos depois, quando o corpo, já descansado, ia esfriando e voltava à normalidade. Percebeu também que enquanto permanecia em silêncio, sentado em seu escritório, escrevendo poemas, a dor se ausentava momentaneamente, como que o deixando livre para brincar com as palavras.

Ultimamente não andava inspirado para escrever quase nada; no entanto, como descobriu na corrida e na poesia um alívio para a enxaqueca, utilizava ambos como remédio. Assim como a maioria dos médicos e pacientes, logo que surgiu a dor, Carlos não foi procurar um colega para consultar e investigar mais profundamente a questão. Esperava o desaparecimento espontâneo da dor após uma corrida, sem reincidências. Mas isso não aconteceu.

Como a cefaleia foi aumentando de intensidade e persistindo, Carlos se assustou e marcou hora com um especialista, que, após colher sua história clínica e exame físico, solicitou exames laboratoriais. Nada de concreto foi encontrado, exceto o sintoma da dor de cabeça contínua. O especialista propôs aprofundar a investigação e solicitou uma ressonância magnética, um eletroencefalograma e uma polissonografia (exame que analisa os distúrbios do sono), para ter uma noção de como Carlos estava dormindo. Mais uma vez, todos os exames normais.

Alguns médicos, depois de investigações exaustivas, onde os exames continuam dentro da normalidade ou levemente alterados, sem relação direta com as queixas do paciente, partem para uma nova bateria de exames, ainda mais sofisticados. Outros desistem de investigar e passam a tratar o sintoma com o diagnóstico de "problema nervoso", obtido por exclusão de evidências físicas ou químicas. Outra situação, bastante comum, é aquele paciente que, cansado de tantos exames e sem um diagnóstico definitivo, procura outro médico ou até mesmo abandona o processo de investigação, resignando-se a viver com seu problema/queixa.

Do ponto de vista estritamente físico, o diagnóstico desses pacientes é de normalidade. O médico clínico, depois de esgotar todos os expedientes diagnósticos, e sentindo-se incapacitado de ajudar na resolução do caso, encaminha tais pacientes para um tratamento psicológico, com suspeita de somatização.

Carlos sabia que andava estressado, e, mais que isso, sabia a causa. Seu pai estava muito doente, um câncer terminal. Sentia-se impotente frente à doença. Causava-lhe muita dor ver o pai sofrendo, com falta de ar, e um olhar suplicando por ajuda. Já haviam tentado todos os recursos da medicina tradicional, nada surtia efeito. A angústia de Carlos se manifestava através da enxaqueca, era por ali a expressividade de sua dor.

Certo dia, Carlos ficou paralisado, quando seu pai, suspirando e choroso, lhe pegou pela mão e, quase implorando, pediu para que o salvasse e lhe desse a vida de volta. Esse episódio foi tão marcante, deixou Carlos muito machucado, que, para amenizar seu próprio sofrimento, optou por diminuir a frequência de visitas ao pai.

Já havia tido três outras crises de enxaqueca no passado, todas relacionadas a problemas insolúveis que lhe atormentavam a mente e o deixavam sem alternativas. Em todas elas, tinha o mesmo comportamento: ficava várias noites sem dormir, levantava pela manhã exausto de tanto pesar prós e contras de cada opção, até que, em um determinado dia, simplesmente decidia abandonar ou fugir do problema.

Na primeira enxaqueca abandonou os estudos na faculdade e a dor desapareceu imediatamente após. Da segunda vez, rompeu o noivado e a cefaleia partiu junto com a noiva. Na terceira, optou por largar a proposta de emprego em outro estado para ficar com a família. Como num passe de mágica, a dor mudou de endereço.

Qual atitude Carlos tomaria agora para desconstruir sua enxaqueca? O que ele abandonaria? Não podia mandar seu pai embora, fugir ou fingir não sentir ou perceber a dor paterna. Sentia tremendo mal-estar ao ver seu pai sofrendo e lhe encarando com os olhos amargurados que, silenciosamente, imploravam por ajuda. Não sabia direito sobre a natureza de seu sentimento, se era culpa, impotência, ansiedade, mas tinha clareza de não abandonar o pai nessa hora tão difícil. No entanto, não tinha a menor ideia sobre como resolver a situação.

Logo no início da cefaleia, Carlos não percebeu estar fazendo manobras existenciais de fuga da sua rotina. Foram pequenos esquecimentos, atrasos, negligências, maus-tratos aos filhos e esposa. Ele não sabia que chorava a perda e o sofrimento de seu pai através da cefaleia. As lágrimas, ao invés de saírem para fora, corriam para dentro, acumulavam-se no cérebro, causando-lhe as dores contínuas. Assim, decidiu, por conta própria, tomar um ansiolítico e um analgésico para restaurar sua tranquilidade.

O sintoma foi tratado e a dor desapareceu. A medicação também fez Carlos voltar a dormir bem. Mas o que isso calou? Para onde as lágrimas foram direcionadas agora? Onde estão se acumulando? Enquanto sofrer com o sofrimento de seu pai, por algum lugar Carlos ainda vai chorar.

Quando um familiar muito íntimo apresenta uma doença grave, apesar da posse da enfermidade estar com ele, seus sintomas, em geral, contaminam toda a família. Em determinados casos, a interseção entre as pessoas é tão forte, que o sintoma da doença de um pode se manifestar no outro. O pai tem câncer, a dor se manifesta no filho, que começa a fumar, ingerir bebidas alcoólicas ou outras drogas, tirar notas ruins na escola, ter problemas de relacionamento no trabalho.

Animais domésticos também sentem a enfermidade e o sofrimento de seus donos. É comum ver cães e gatos ficarem amoados, perderem sua alegria e restarem deitados solidariamente ao lado daqueles que consideram seus familiares queridos.

A doença de Pedro era um aneurisma de carótida, que se manifestou como uma bolota no pescoço. Concomitantemente, sua esposa Maria começou a apresentar sintomas de hipertensão e suas varizes se transformaram em úlceras. Pedro passou a ter insônia e dores nas costas. Ambos perderam o interesse pela dança folclórica. Nino, o filho mais velho do casal, passou a beber cerveja escondido da família, a irmã precisou ajudar no trabalho do armazém. A doença de Pedro se espalhou pela família, a qual, mesmo sem perceber, adoeceu junto com ele.

É possível conjecturar, por exemplo, que a origem de um enfarto, um derrame cerebral ou outra patologia qualquer não seja dependente direta de uma causa anatômica. A origem de tudo pode ser uma convivência familiar desgastante e conflituosa. O desequilíbrio resultante desse contexto é o estresse familiar, o qual, criteriosamente, pode escolher o corpo mais sensível para se instalar na forma física de um enfarto ou derrame cerebral.

Como dizia Nietzsche, "falar em família é mergulhar em águas de diferentes e variados significados para as pessoas, dependendo do local onde vivem, de sua cultura e, também, de sua orientação religiosa e filosófica, entre outros aspectos". A família é apresentada, representada e reapresentada por diferentes percepções existenciais, definições, noções, teorias e paradigmas conceituais.

Partindo do homem como singularidade, formamos a primeira unidade. O desequilíbrio entre seus impulsos, tendências, ambições e ideologias pode constituir uma situação de conflito e impulsionar uma descompensação somática ou psicológica. Uma segunda unidade, o par, também pode adoecer por seus desequilíbrios de funcionamento. A ligação mãe-filho ou de um casal pode apresentar patologias a partir de desequilíbrios.

Uma morte, por exemplo, pode propiciar o surgimento de enfermidades após a viuvez. Por vezes, casais se estruturam justamente por causa da doença. Mulheres com artrite reumatoide podem se unir com homens portadores de úlcera péptica mais do que se poderia esperar. A explicação atualmente aceita é de que algumas mulheres com artrite têm necessidade de mando e controle. Nesse perfil, encaixam-se os aspectos de dependência e submissão de alguns ulcerosos.

Uma terceira unidade é a família triangular: pai, mãe e filhos. João e Claudia possuíam três filhos e viviam na periferia da cidade. Claudia dependia financeiramente do esposo, homem trabalhador, carinhoso e bom pai. No entanto, ele mantinha um caso extraconjugal, o qual a esposa desconfiava, mas fazia de conta desconhecer a situação. No momento em que ela começa a trabalhar e adquirir certa independência financeira, o marido reage e assume a amante mais abertamente, permitindo à mulher saber do caso. Começam as agressões, atritos conjugais, ameaças de separação. Nessa fase, o filho menor começa a apresentar episódios de faringite de repetição e febre muito alta. Esse evento assusta os pais, unindo-os na tarefa de cuidar da criança.

Esse tipo de interação de fatos escapa, amiúde, da observação médica. O atendimento ambulatorial, fora do domicílio familiar, não permite a identificação de tais fatores à primeira vista. No entanto, a família pode ser chamada a explicar seus hábitos e estilos de vida saudáveis ou de risco. Existe a possibilidade de auxiliar nos processos de adoecer, aceitação do diagnóstico, adaptação a doenças crônicas, adesão a tratamentos e vivência de doença terminal.

Por outro lado, a saúde e doença da pessoa também são chamadas a explicar os processos de adaptação e perturbação de sua família. Reconhece-se, assim, a necessidade de enquadrar essa vivência da saúde e da doença, não só na pessoa, mas também nos múltiplos endereços existenciais por onde a pessoa interage, exercita seus dias e constrói significados.

Em processos crônicos, geralmente envolvendo pacientes terminais, é comum a família adoecer ou abandonar o paciente. Cabe ressaltar, mais uma vez, que em filosofia clínica não se fala em saúde ou doença. Os casos clínicos e exemplos aqui comentados refletem um ponto de vista da medicina.

Dra. Ana Claudia Arantes, especialista em cuidados paliativos, relata o convívio com a família de um paciente internado:

– Doutora, meu pai está morrendo?

– Sim! Ele tem 97 anos, insuficiência renal, insuficiência cardíaca. Só não sei dizer quanto tempo vai durar esse processo de morte.

Foram conversando, ajustando a situação, até a tranquilidade retornar ao quarto. Estava tudo tão sereno, que o paciente até melhorou. Melhorou tanto, que a médica sugeriu colocar o paciente sentado na poltrona. A família teve uma comoção.

– Na poltrona? Como?

– Ele suporta a diálise, por que não iria aguentar uma poltrona?, respondeu a médica.

Foi para a poltrona, conversou com o neto, deu risadas, quis experimentar o bolo. Logo chegou o filho, e perguntou:

– Você não disse que ele estava morrendo?

– Sim, mas aproveitem enquanto ele está bem.

Continua a Dra. Ana Claudia:

– As pessoas me perguntam como eu explico a melhora, então eu sugiro que aproveitem a melhora em vez de ficar tentando explicar.

A família, aqui incluindo também os amigos mais íntimos, pode ter um papel importante no processo de adoecimento, mas também pode atuar como força propulsora, restabelecendo a saúde. Os eventos que acometem um membro da família podem afetar todos os demais, e vice-versa. Mesmo quando apenas um está enfermo, toda a família deve ser observada, pois sintomas e metástases podem se espalhar no universo de quem sofre.

9

Acolher, cuidar, amparar

A medicina no Brasil ainda é muito mais curativa que preventiva. Geralmente as pessoas procuram o médico só quando adoecem. Não possuem uma cultura de antecipar cuidados, visando prevenir alguma moléstia. A saúde, para alguns, é considerada um valor significativo; para outros, é lembrada apenas quando foi perdida.

Assim, a busca por médicos parece não acontecer pelo desejo, mas por necessidade. A necessidade da cura. Esse movimento de procurar a medicina apenas quando os sintomas se apresentam, incomodam e atrapalham, posiciona a medicina em uma categoria de serviços não desejados. Este viés pode dificultar sobremaneira a atuação do profissional da área médica.

Quando Pedro procurou o médico, em tese, já havia feito várias tentativas, sem êxito, de solucionar seu problema. Ao perceber a bolota no pescoço, inicialmente, esperou alguns dias, na esperança de que talvez ela desaparecesse. Depois, pediu conselhos ao compadre e passou a usar chás e compressas no pescoço. Somente após a insistência da esposa, e ainda receoso, marcou hora com um profissional.

As origens dessa médico-fobia podem ser muitas. Alguns relatam o temor imaginário de que o especialista fará uma investigação dolorosa e demorada até descobrir algo mais grave. Fazem uma associação intelectiva entre a figura do médico, doença e morte. Pedro herdou esse sentimento, medo de médicos, do convívio com sua mãe. Ela dizia: "Médicos sempre acham uma doença. Ninguém sai do consultório sem uma receita".

Outros sabem da provável condenação de seus hábitos (fumo, álcool, sedentarismo, alimentação errática, falta de sono, excesso de trabalho), e preferem adiar indefinidamente essa conversa desagradável com o terapeuta.

Existe ainda o problema social. Salários desestimulantes, convênios e planos de saúde remunerando minimamente as consultas impelem os profissionais a praticar um número elevado de atendimentos, com tempo reduzido e consequente queda na qualidade. Tudo isso afeta o bom andamento da consulta. Em situações-limite, determinados atendimentos podem ser realizados com pressa, grosseria e agressividade, repercutindo nos pacientes uma sensação de desamparo e desconfiança.

Médicos e pacientes passaram a ser vistos como "do convênio", estabelecendo-se assim uma relação impessoal. Frequentemente, as pessoas ignoram até mesmo o nome de quem as atende, pois o vínculo agora é com o plano de saúde. Tornaram-se clientes do convênio e não mais pacientes do médico.

Pedro não sentiu firmeza na conduta do médico e, pior que isso, sentiu que o mesmo não estava envolvido com seu problema. Teve a nítida impressão de perda de tempo.

Estava perdido. Não sabia o que fazer. Precisava de ajuda, segurança, acolhimento. Estava se defrontando com uma sensação de invalidez e a possibilidade de morrer. Carente, ansioso, fragilizado, precisava apenas de um colo naquele momento. Alguém que lhe desse segurança para ir em frente, restaurasse seu bem-estar, ajudasse a entender o momento difícil, amparasse sua dor, acolhesse sua angústia e lhe assegurasse não estar sozinho. Um profissional com conhecimentos técnicos que compartilhasse essa jornada difícil e sofrida.

No passado, apesar dos parcos conhecimentos científicos, os médicos, em geral, detinham o respeito da sociedade e constituíam-se em uma categoria especial. A autonomia de ação, do saber e da sensibilidade, associada à compreensão da população sobre os limites do conhecimento médico, faziam com que qualquer resultado positivo fosse festejado como um milagre. A dedicação e o afeto fundamentavam essa distinção. Médicos orgulhavam-se do exercício da profissão e do carinho dos pacientes. O respeito mútuo estabelecia uma aliança informal com a comunidade.

Em determinado momento da evolução da medicina, os livros de semiologia passaram a ensinar aos estudantes o não envolvimento com os pacientes. Deveriam realizar uma escuta sumária das queixas e focar sua atenção nos sintomas físicos.

A partir de então, ficava proibido escutar sonhos, preferências, inquietações ou discutir questões polêmicas. Era mais cômodo e seguro olhar a pessoa como um paciente, não como ser humano. Até mesmo a capacidade de examinar, tocar, dialogar, foi sendo substituída, em prol de uma medicina baseada num saber estritamente científico. Fatores econômicos e políticos também contribuíram para a não disponibilização de espaço, nem tempo, para o médico acolher a dor do paciente.

Ao substituir a conversa pela tecnologia, as escolas de medicina não se deram conta da perda da subjetividade do paciente. Esqueceram um detalhe fundamental: todo sofrimento é uma urgência, em sua forma singular de significar a doença, a dor e o padecimento. Geralmente a preocupação maior da equipe médica é com o sofrimento físico (dor, falta de ar, vômitos, diarreia, fadiga). Quase toda a atenção é para eliminar os sintomas relacionados ao corpo físico.

A cirurgiã especializada em transplante hepático, Pauline Chen, relata que: "Durante quase quinze anos de formação e treinamento, pude me deparar com a morte repetidas vezes. Aprendi com muitos de meus professores e colegas a sustar ou suprimir quaisquer sentimentos de humanidade que quisesse compartilhar com meus pacientes à beira da morte, como se esse procedimento fizesse de mim uma médica melhor". Ela descreve como, no momento da agonia final dos pacientes, os médicos cerram as cortinas em torno do leito hospitalar e desaparecem rapidamente, deixando os familiares sozinhos com a pessoa que está morrendo.

A psicanalista Isabel Menzies, em um estudo sobre enfermeiras que lidavam com pacientes acometidos de sérias doenças ou à beira da morte, observou que o trabalho delas era organizado de modo a impedir, ao máximo, demonstrações de ansiedade. Prevalecia, no meio médico, o entendimento de que, se o relacionamento entre enfermeira e paciente fosse muito próximo, a enfermeira sofreria muito quando o paciente morresse.

Em consequência, exigia-se que as enfermeiras desempenhassem algumas tarefas especializadas junto a um grande número de pessoas, restringindo seu possível contato com um único paciente. Essa abordagem ajudou a forjar uma cultura de distanciamento, desapego e impessoalidade.

Há três níveis de cuidado que podem ser propostos: aptidão, cortesia e empatia. Em princípio, funcionários são contratados ou demitidos pela competência ou falta desta. Na maioria das vezes, médicos são procurados ou abandonados pelos mesmos motivos. Cortesia nem sempre é um critério de contratação. Geralmente as pessoas não são demitidas por não demonstrar cortesia, assim como seriam por falta de competência clínica, a não ser em casos de reincidência de grosserias diretas para com os pacientes.

Por fim, existe aquilo conhecido como empatia. Não é algo passível de contrato ou imposição. Precisa brotar espontaneamente de uma pessoa inspirada. Quando Júlia descobriu ser portadora de um câncer de mama e que precisaria fazer uma mastectomia radical, ficou arrasada. Chorou demais, estava insegura, não sabia como ficaria sua vida, seu casamento.

Na noite posterior à cirurgia, Júlia conteve suas emoções enquanto o marido estava sentado a seu lado. Assim que ele foi para casa descansar um pouco, ela caiu num sentimento de solidão e abandono. As lágrimas imediatamente irromperam em seu rosto. Chorava suavemente, na escuridão de seu leito.

A enfermeira entrou no quarto com uma pequena bandeja nas mãos. Acendeu a luz e, quando percebeu o choro de Júlia, apagou a luz, deixou a bandeja de lado, puxou uma cadeira e segurou as mãos de Júlia entre as suas. Ficou assim por muito tempo, sem dizer uma única palavra. "Foi como se um anjo tivesse entrado em meu quarto. Enquanto eu viver, jamais esquecerei o que aquela enfermeira fez", conta Júlia. Aquele gesto de uma única enfermeira, em seu turno de trabalho, num dia especial, crítico, de sofrimento, tornou-se o referencial de toda sua hospitalização.

Não é possível impor aos demais profissionais esse gesto da enfermeira. Foi algo espontâneo, instintivo, intuitivo. Uma ligação terna entre duas pessoas. Uma relação de carinho e cuidado entre a profissional e a paciente com um enorme sofrimento. Em alguns momentos, palavras são desnecessárias.

Já dizia a música de Caetano Veloso: "Quando a gente gosta é claro que a gente cuida..." No meu entender, cuidar sem amar é cuidar sem sentido, é apenas uma forma de tomar conta, ficar observando. Bem diferente de acolher ou amparar.

Quando uma pessoa é internada em um hospital ou clínica, geralmente sua rotina é rompida. Várias modificações podem lhe ser impostas. A ela é negada sua casa, a decoração que a faz sentir acolhida, o cheiro de sua própria roupa de cama. Não bastasse isso, tiram-lhe as roupas, o direito de comer livremente, dormir quando tiver sono. A família é afastada parcialmente, podendo visitar em horários específicos.

Estranhos entram em seu quarto, manipulam partes de seu corpo. Muitas vezes nem pedem licença ou explicam o procedimento que estão realizando, ocupando-se apenas da ferida, infecção ou órgão deficiente. Alguns esquecem até de perguntar o nome do paciente, que sem assistência familiar, fraco e dolorido, torna-se um dependente, perdendo sua autonomia e liberdade. Tudo colabora para essa cultura da impessoalidade, desapego e distanciamento. Uma hipótese para essas práticas disfuncionais é a suposição da perda do juízo dos velhos e doentes, não precisando, portanto, de escuta ou atenção.

No sentido contrário, em seu primeiro dia de trabalho como enfermeira, Ana foi conduzida até o quarto dos internados por sua chefia imediata. Alguns objetos pessoais foram apontados: "Essa é uma foto da Sra. Paula com suas duas filhas; uma é violonista, a outra médica", "Você sabia que a Sra. Paula é professora de inglês e já foi bailarina no teatro municipal?", "Essa é uma foto do casamento da Sra. Paula junto com seus pais".

Visitaram todos os quartos da unidade. A diretora contava à Ana algumas peculiaridades da historicidade dos pacientes. Assim, cada um foi tornando-se um ser humano real, não apenas mais um paciente ou uma patologia. Ana passou a ver a singularidade ao invés da doença.

Aprendemos, na faculdade, sobre os direitos e deveres da relação médico-paciente. Um dos direitos mais importantes deste é ser informado da condição exata de seu estado de saúde, podendo então refletir sobre algumas decisões em relação a seu prognóstico e sua vida.

Parece óbvio dizer sempre a verdade; no entanto, não se trata de uma regra geral. Alguns pacientes referem querer saber toda a verdade, sem que o médico lhes esconda nada. Outros exercem seu direito de não querer saber. Em determinado momento da consulta ou tratamento, deixam de perguntar, mudam de assunto e se fecham. Sinalizam, claramente, que naquela circunstância não querem mais envolvimento com o tratamento, deixando a autonomia total com a equipe médica.

Eventualmente, familiares solicitam não contar a verdade ao paciente, pensando em poupá-lo. Argumentam sobre sua fragilidade, debilitação e dificuldades em suportar uma sentença de doença grave.

Na maioria das vezes a pessoa já sabe a gravidade do seu caso. A doença está dentro dele, não no exame que pode ser escondido na gaveta. A verdade é como um medicamento: se utilizada em dose muito alta, pode ser tóxica. É preciso sensibilidade, cautela, discernimento para comunicar aquilo que o paciente quer saber. O discurso sobre a verdade de seu estado de saúde não é neutro. Essa intervenção é performática, provoca agendamentos e desdobramentos na subjetividade de quem escuta.

Contar a verdade sobre o estado de saúde é um processo que quase sempre se resume a confirmar as respostas que o próprio paciente responde. Exemplos: "Eu tenho câncer, não é, doutor?!", "Eu tenho pouco tempo de vida?", "Meu filho vai nascer com um defeito congênito?" Na prática, quando a pessoa sabe a realidade sobre seu estado de saúde, vive melhor, participa mais do tratamento e sofre menos com o processo da doença.

É raro um paciente morrer porque ficou sabendo a verdade sobre sua doença, a qual está nele mesmo. No entanto, pode perder a confiança em seu médico, se esse lhe disser que não é nada sério, se despreocupe, e a pessoa sabe que está sendo enganada porque se trata de algo grave.

Humanizar o atendimento não significa colocar plantas na sala de espera, mandar um cartão no dia do aniversário, deixar um porta-retrato com foto da família na mesa do doutor ou contar uma piada durante a consulta. A estrutura de atendimento, a mentalidade do médico, seu papel existencial e os cuidados com o paciente precisam ser resgatados.

Os antigos médicos eram também poetas e escritores. Tinham uma visão mais holística da vida, do corpo e do paciente. Hoje a classe médica estuda profundamente os aspectos técnicos. São superespecialistas em doenças ou partes específicas do corpo. José Letamendi afirma: "Quem sabe só medicina, nem medicina sabe", ou, lembrando o filósofo Sócrates: "Sei que nada sei de tudo quanto sei". Essa máxima socrática reafirma um ponto de partida eficaz para a atividade médica. O médico deve partir do pressuposto de que nada sabe a respeito do paciente: sua história de vida, valores, crenças, inseguranças, expressividade. Assim, tudo que afirmar, sugerir, concluir ou julgar num momento inicial, de maneira superficial, será a representação do especialista, nem sempre refletindo a verdade do paciente que se encontra a sua frente.

Talvez o mecanicismo dos profissionais de saúde esteja relacionado ao excesso de capacidade técnica, em detrimento de uma arte do acolhimento, cuidado, amparo, apoio, para, quem sabe, ajudar mais e melhor. Todavia, esses aspectos envolvem várias dimensões. Todas elas reivindicam uma característica essencial: atenção, ou seja, estar realmente focado. O tempo que estiver sendo compartilhado precisa envolver um significado e conceder um sentido ao papel existencial do cuidador.

Aprecio a definição do filósofo clínico Will Goya sobre palavras que escutam: "São aquelas que dizem ao outro o quão profundamente ele foi ouvido. Isto é, são linguagens de devolução que aproximam e cuidam. Pelo método que o ampara, o filósofo clínico fala como quem sabe ouvir. Isso explica, quando o trabalho é bem-feito, a sensação comum de os partilhantes acharem que o filósofo 'adivinha' seus pensamentos. É uma tautologia clínica calculada, precisa, que não repete ingenuamente o discurso do outro (o que não seria uma escuta filosófica), mas reorganiza as possibilidades internas da existência, a fim de que ele seja o melhor de si e nada mais".

É muito fraca a interseção, quando um fala e o outro está no computador ou escrevendo. Também pode ficar escassa quando um (paciente) se expressa intensamente na consulta e o outro (médico) realiza uma conversa instrumental, mecânica. Nesses casos a sintonia, o encontro, a interseção não acontece.

Por maior habilidade, esforço ou intimidade entre duas pessoas, não é possível alguém sentir por inteiro a dor do outro. Ainda assim, pode-se acolher, cuidar e tratar a vida em seus instantes de dor e sofrimento, numa atenção singular.

Outro exemplo: o marido entrou em depressão, acompanhada de uma enxaqueca insuportável. Precisou tirar licença médica no emprego. Era um funcionário público insatisfeito, desprestigiado. Sua relação com a esposa era baseada nas qualidades externas. Não havia atração mútua, quase não conversavam. Seus filhos adolescentes tinham um péssimo desempenho escolar.

Ao invés de pensar na forma tradicional de depressão como doença, e iniciar uma terapia medicamentosa buscando devolvê-lo imediatamente ao convívio profissional, poderíamos levantar a hipótese de o trabalho e as relações familiares serem a verdadeira doença e causa de seu sofrimento. Assim, a tristeza profunda foi seu único refúgio em busca de segurança e tranquilidade.

Quando uma pessoa sente dor física (cólica, dor de dente) geralmente procura ficar imóvel, encolhendo-se em um canto para aliviar o sofrimento. No caso da tristeza profunda parece ocorrer algo semelhante. A dor emocional pode levar a pessoa a se encolher, não pensar e buscar a quietude enquanto espera as coisas melhorarem. Intencional ou não, alguns pacientes têm esse comportamento. De um modo ou outro, se esconder para evitar o perigo não é solução; no entanto pode, momentaneamente, aliviar o sintoma.

Um pouco antes, descrevemos o impacto do doente em seu entorno, o qual pode contaminar a todos com seu sofrimento. Quando isso acontece, a família também precisa ser amparada. Dependendo da gravidade do caso, a rotina de todos pode ser alterada visando cuidar e apoiar o doente, o que acaba por influenciar não só os relacionamentos, como modifica todo o estilo de vida familiar.

Naturalmente, nem todos vão ser afetados do mesmo jeito. Dependendo das características de cada um, da forma como sentem e vivenciam a proximidade com o enfermo, alguns estarão mais preparados que outros para enfrentar os desafios da situação. Alguns se assustam com a doença, sentem-se desconfortáveis na presença do enfermo e evitam o contato. Outros apoiam significativamente, criando um ambiente favorável de empatia.

Existe ainda a dimensão espiritual, que nesses momentos de sofrimento intenso pode se manifestar com muita expressividade. Não necessariamente sob a forma de uma religião, mas na procura de uma reflexão sobre o sentido da vida. É um paradoxo lindo e ao mesmo tempo terrível: justamente a perspectiva da finitude é que pode vir a conceder um sentido para a vida.

Pode-se descobrir significado em vários eventos cotidianos. Qualificando relacionamentos, abraçando uma causa, partilhando uma oração. Todos têm em comum transcender o interesse em si próprio em favor de uma construção compartilhada.

Em uma das obras de William Shakespeare, a peça teatral *Rei Lear*, escrita em 1605, o personagem Edgar assim fala de seu sofrimento no texto 4, cena 13: "Quem sofre sozinho, sofre muito mais em sua mente. Deixa para trás a liberdade e a alegria. Mas a mente com muito sofrimento pode superar-se. Quando a dor tem amigos que suportam a sua companhia, quão leve e suportável minha dor parece agora..." Assim era para ele, em seu mundo como representação; para outros, pode ser diferente.

Anatole Broyard, escritor americano, descreve assim seu desamparo: "Eu não tomaria muito tempo do meu médico. Desejaria apenas que maturasse sobre minha situação talvez uns cinco minutos, que por uma vez me franqueasse a mente por inteiro, que por um breve tempo se vinculasse comigo, esquadrinhando-me a alma tão bem como o meu corpo, para então entender o meu mal, pois cada indivíduo adoece à sua maneira... Assim como me pede exames do sangue e dos ossos de meu corpo, desejaria que meu médico me examinasse considerando o meu espírito tanto quanto a minha próstata. Sem um reconhecimento desses, não sou mais que uma doença".

Um dos dez mandamentos da religião judaico-cristã é "Não matarás". Não matar, para o filósofo francês Lévinas, é não reduzir o outro a uma ideia, um ato ou uma doença. Nesse sentido, matar equivale a reduzir as virtudes, a história e o acervo existencial da pessoa, aprisionando-a numa atitude equivocada, num deslize ou em uma patologia. O outro é muito mais que isso. Em Lévinas, a verdadeira religião é a manifestação do sublime no processo de acolhimento do outro. Quando acolhemos o outro, logo nos aproximamos do sagrado.

10

Adormecer o corpo, acordar a alma

Fiz minha formação médica na Universidade Federal do Rio Grande do Sul na década de 1980, e posteriormente especializei-me como anestesiologista. Por mais de vinte anos realizei anestesias de maneira estritamente técnico--científica. Instalava um cateter no braço do paciente, injetava a medicação, fazia-o dormir, mantinha seus sinais vitais estáveis, e, finalmente, acordava-o, devolvendo-lhe o controle de sua vida. Fazia o papel de uma sentinela a zelar por sua segurança física durante o sono involuntário.

Após concluir minha formação em filosofia clínica, percebi faltar algo em minhas anestesias. Não estava levando em conta as angústias existenciais das pessoas frente ao universo desconhecido de uma cirurgia. O lado técnico estava muito bem resolvido, porém o lado humano dos procedimentos ainda deixava muito a desejar.

A intenção deste capítulo é compartilhar aspectos da minha experiência como médico anestesiologista. Uma busca para evidenciar o antes e o depois dos estudos e aprendizados em filosofia clínica. Os desafios enfrentados e a maneira como foi desconstruída a armadura que me engessava num especialista em fazer dormir e acordar, sem me preocupar com o sonhar do outro.

Anestesiologistas são médicos especialistas trabalhando em ambientes de alta precisão tecnológica, onde pequenas falhas podem ser fatais. Por isso, precisam estar atentos aos mínimos detalhes e em estado de vigilância constante do paciente. A preocupação com as alterações emocionais e existenciais de todo o processo operatório, bem como o treinamento para lidar com essas situações, não são enfatizadas, ou, pelo menos, são colocadas em um plano secundário, durante os três anos de formação na especialidade.

Filósofos clínicos também precisam estar atentos e focados aos mínimos detalhes durante seu trabalho. Sabem a importância de uma interseção, acolhimento e escuta para qualificar o encontro clínico entre terapeuta e partilhante. Uma desatenção, uma intervenção malfeita, um submodo mal-empregado (procedimento utilizado na terapia da filosofia clínica), podem ser tão danosos quanto uma falha anestésica.

A anestesia pode ser feita de duas formas. A primeira é a anestesia como ato técnico-científico que se executa sobre o corpo da pessoa a ser operada. A segunda é igual à primeira, acrescida de um cuidado emocional. Nesse sentido, a filosofia clínica me auxiliou a enxergar com outros olhos a pessoa prestes a ser anestesiada. Ela é muito mais que um corpo ou um boneco. É um ser humano que pode estar, e geralmente está, com dor na alma. Sofrimento esse que nenhum bisturi vai conseguir curar.

De tanto observar o sono alheio, percebi que nem todos adormecem ou despertam da mesma maneira. Esse comportamento peculiar não tinha nada a ver com o tipo ou a dose de anestésico utilizada. O estado emocional, a singularidade dos pacientes é que fazia a diferença entre o dormir e o acordar.

Enquanto uns se entregavam ao sono, outros resistiam. Enquanto alguns dormiam serenamente, outros se agitavam. Enquanto outros aparentavam felicidade, outros estavam contraídos e lacrimejando. Aprendi, também, que, se o sono for bom, geralmente o despertar é melhor ainda. O contrário também pode ser verdadeiro, ou seja, quem vai dormir intranquilo não terá paz e o sono será um verdadeiro castigo. "Quem dorme com dúvidas passa o dia sem certezas", diz um ditado popular. Por conta de tudo isso, passei a encarar o sono como algo sagrado e me ocupar mais com seus rituais.

Nunca vi um paciente dormir tranquilo e acordar chorando. A exceção são os pesadelos. Por outro lado, quase todos que adormecem angustiados e chorando acordam da mesma maneira. Adormecer em paz é um privilégio. Às vezes é preciso dormir, dormir muito. Não para fugir, mas para descansar a alma. Para alguns, dormir é quase como um refúgio. Um lugar secreto na vida, onde os pensamentos adormecem, despertando os sonhos.

Um trocadilho popular pode nos ajudar a entender: "É dormindo que acordamos os sonhos. Quando se perde a consciência, os sonhos têm o poder de despertar emocionalmente aqueles que em estado de consciência se encontram em sono existencial profundo, quase um coma". Explicando de outra forma: é dormindo que relaxamos e podemos deixar as emoções e demais sentimentos livres para sonhar. O sonho seria para a alma aquilo que o sono é para o corpo.

De uma forma genérica, pode-se dizer que, para um paciente dormir tranquilo, ele precisa estar seguro de que não será molestado, roubado em seus pertences e acordará em condições iguais ou melhores das que foi dormir. Quem dorme fica indefeso, frágil e nunca pode ter certeza do que vai lhe acontecer enquanto inconsciente. No aspecto singular, o dormir pode reivindicar outras características, difíceis de generalizar.

Antigamente, se dizia que a especialidade Anestesia era escolhida por profissionais com dificuldades de relacionamento. Os médicos dessa área não gostavam e não queriam conversar com os pacientes, preferindo trabalhar com os mesmos dormindo. A filosofia clínica vem quebrar esse paradigma, sugerindo que um sono tranquilo pode necessitar algo mais além de uma anestesia tecnicamente perfeita. É preciso que, antes de dormir, o paciente perceba e sinta uma atenção singular de seu médico, para que assim possa confiar-lhe a autonomia de seu sono. Ter uma garantia de que este estará ao seu lado, protegendo-o durante todo o período de adormecimento. Para anestesiar o corpo, um bom anestésico basta. Para anestesiar a alma é preciso que ela concorde.

Quando surge a necessidade de uma cirurgia é costume o cirurgião encaminhar o paciente, alguns dias antes do procedimento, para uma consulta pré-anestésica com um especialista. Nessa ocasião, realiza-se uma entrevista, procede-se o exame físico, solicitam-se exames laboratoriais e são fornecidas informações pertinentes ao ato anestésico.

Em princípio, quanto maior o espaço de tempo entre a marcação da cirurgia e a entrevista com o anestesiologista, maiores as chances de surgirem fantasias, ideias complexas e insegurança, pois em geral as pessoas têm medo da anestesia, e a desinformação pode ser um terreno fértil para a imaginação. Muitas vezes, quando entro no quarto de um paciente, sou recebido com um gracejo: "Chegou o perigoso!", ou "Não tenho medo da cirurgia, tenho medo é da anestesia".

Recomenda-se não fazer agendamento algum antes de conhecer o paciente e a família. Assim, a conduta adequada é escutar o gracejo, aprender mais sobre o paciente, sua linguagem e demais desdobramentos, e deixar para responder mais adiante, se for o caso.

De qualquer sorte, a ideia de que anestesia é perigosa, quando ocorrer, pode contaminar tanto o paciente como toda a família. Conversas e histórias de parentes, amigos, conhecidos e artistas que tiveram complicações durante ou após anestesia costumam surgir nessas situações, amedrontando os mais suscetíveis.

Assim, no momento da consulta pré-anestésica vai acontecer a interação entre um paciente teoricamente ansioso, fragilizado, que tem como assunto imediato a indicação de uma cirurgia não desejada, com um médico especialista, focado para o lado anestésico-cirúrgico e, provavelmente, com deficiências para tratar dos aspectos existenciais contextualizados nesta situação.

O desafio emoldurado é tentar buscar, em uma consulta de aproximadamente 45 minutos, além de uma avaliação médica propriamente dita, também uma interseção positiva entre anestesiologista e paciente, onde sejam visualizados os conflitos existenciais relativos ao procedimento cirúrgico, e, se necessário, a utilização de submodos adequados para auxiliá-lo.

Pedro e Maria estavam carentes. Esperaram quase um mês pela consulta. Sabiam que a duração média dos atendimentos era de 20 minutos. Precisavam aproveitar ao máximo cada minuto. Todo o drama vivenciado nas últimas semanas precisaria caber nesse tempo precioso, que seria dividido entre a fala do paciente, as perguntas do médico e as demais recomendações do profissional. Não foi assim que aconteceu. O drama existencial envolvido no adoecer não coube no tamanho da consulta. Somente o problema físico foi identificado, e, diga-se, muito rapidamente.

Durante a anestesia propriamente dita, o paciente estará inconsciente ou provavelmente sedado. A consulta pré-anestésica, momento em que o paciente encontra-se desperto, é a oportunidade para se demonstrar respeito, atenção e empatia para com o sofrimento alheio, colocando-se à disposição para auxiliar em um momento difícil de vulnerabilidade e dependência.

Em algumas situações específicas, essa consulta prévia não pode ser realizada, acontecendo o primeiro contato entre paciente e anestesiologista alguns minutos antes da cirurgia. Pode-se imaginar como se encontram, emocionalmente, certos pacientes e as consequências somáticas daí advindas.

Após a apresentação usual, geralmente parte-se para a anamnese, ou seja, uma entrevista direcionada pelo médico com a intenção de ser um ponto de partida para o conhecimento da história clínica do paciente e diagnóstico de doenças coexistentes. Em filosofia clínica, o encontro inicial se dá a partir de uma questão momentânea (assunto imediato), seguindo-se a colheita da historicidade (dados existenciais da pessoa, através de sua própria narrativa, desde sua lembrança mais remota até os dias atuais, com a mínima interferência do terapeuta). Pode-se deduzir sobre as dificuldades de obtenção de uma historicidade completa, numa consulta pré-anestésica com duração de 45 minutos.

O bom-senso vai indicar sobre a necessidade da retirada de familiares e amigos do local. O paciente precisa sentir-se confortável e à vontade para falar e perguntar o que quiser.

À medida que fui avançando meus estudos em filosofia clínica, passei a pensar muito em uma maneira de iniciar a consulta deixando os pacientes livres para expressar suas angústias. Não desejava simplesmente dirigir a entrevista para a área anestésico-cirúrgica. Buscava uma aproximação entre anestesiologia e filosofia clínica, aproveitando os conhecimentos de ambas. Inspirei-me naquela mudança de mentalidade ocorrida no século XII, narrada em capítulo anterior, quando o questionamento: "O que é que você tem?" foi substituído por: "Onde lhe dói?", buscando um novo sentido à corporeidade. Assim, a intervenção que me pareceu mais adequada para iniciar o diálogo foi: "Qual o seu problema?"

Tinha como verdade que a resposta óbvia seria a necessidade de uma cirurgia indesejada. Para minha surpresa, esse não foi o "problema" relatado pela maioria. Apareceram situações como: "Não tenho com quem deixar meu gatinho, não posso deixar a loja fechada por muito tempo, não quero entrar sem roupa na sala de cirurgia, tenho vergonha de tirar minha prótese dentária, precisaria falar com meu filho que está viajando antes de entrar na cirurgia", predominaram como respostas.

Os medos clássicos conhecidos pelos anestesiologistas também foram relatados: acordar durante a cirurgia, sentir dor, náuseas, ficar paralítico, falar bobagens enquanto dorme, algo sair errado durante a cirurgia, ficar com uma cicatriz muito grande ou disforme. No entanto, predominavam as preocupações sobre as situações do dia a dia que precisariam ser interrompidas, e não os riscos da cirurgia propriamente dita.

Em algumas situações, após a pergunta inicial, o paciente desencadeava uma crise de choro. É uma forma de expressividade, com duração limitada e, por vezes, necessária. A prudência recomenda agir como a enfermeira fez com Júlia no outro capítulo, ou seja, ficar ao lado do paciente, segurar sua mão e aguardar o melhor instante para retomar a fala.

Contrariando os ensinamentos de se manter afastado das angústias existenciais, ultimamente, quando o paciente chora, seguro sua mão e, quando me dou conta, algumas lágrimas estão escorrendo em meu rosto. Não procuro disfarçar, apenas encaro o paciente e tento transmitir minha solidariedade com o olhar. São nesses momentos de pura sintonia que me sinto um médico de verdade.

Ainda costumo fazer uma segunda pergunta, assim que o diálogo permitir: "Em que posso ajudá-lo?" Nem sempre obtenho resposta, mas, eventualmente, pacientes pedem que avise seus familiares sobre o andamento da cirurgia, não lhes deixem morrer, cuide bem deles, não permita que sintam dores.

Se o paciente internado num hospital perde relativamente sua autonomia, a pessoa anestesiada a perde totalmente. Ficará inconsciente durante um tempo, mas essa inconsciência é bem diferente de dormir, pois é um sono induzido, profundo, do qual não poderá acordar espontaneamente. Durante esse tempo, vão mexer em seu corpo físico. Cortar, enfiar agulhas, injetar medicamentos. Quem dorme está indefeso, à mercê. É preciso confiar em alguém nesse momento, é preciso transferir decisões. Alguém precisa ser o guardião de seu sono. Alguns pacientes deixam essa tarefa para um ser supremo, outros entregam nas mãos do anestesiologista, outros mais simplesmente submetem-se aos desígnios do destino. Cada cabeça, uma ideia.

Enquanto o cirurgião está com sua atenção concentrada no lugar preciso do corpo onde corta e costura não pode se preocupar com mais nada. O anestesiologista é o profissional treinado para ter a atenção focada na vida adormecida. Ele cuida para que a vida não vacile enquanto o corpo é cortado.

Nesse momento da entrevista cabe uma breve explicação da função do especialista: "Vou acompanhar seu procedimento cirúrgico e ficar ao seu lado durante todo o tempo da anestesia (importante frisar isso, pois é um dos medos mais recorrentes – ser abandonado enquanto dorme), providenciar para que não sinta dor no pós-operatório e que possamos passar por essa situação da melhor maneira possível, obtendo resultados satisfatórios".

Percebam a semelhança de propósitos desse discurso com a proposta de um filósofo clínico em seu consultório: "Vou lhe acompanhar nessa travessia (jornada) que se apresenta difícil e sofrida, ficar ao seu lado e trabalhar junto com você para seu bem-estar..." É preciso ter uma expressão agradável no rosto, compartilhando com a pessoa as boas possibilidades do trabalho que se inicia.

Antes de estudar filosofia clínica, ainda complementava minha fala desta maneira: "E que o senhor(a) possa voltar para casa o mais breve possível e retomar suas atividades". Quem pode saber se é isso que o paciente deseja? Alguns se internaram no hospital justamente para fugir de casa e dos problemas familiares. Quanto mais tempo permanecerem ali, afastados do lar, melhor para eles. Essa simples frase, dita sem conhecer a historicidade da pessoa, pode colocar em risco o sucesso do tratamento.

Uma boa maneira de iniciar a colheita da história clínica é perguntando sobre as cirurgias e anestesias anteriores. O ideal seria o paciente relatar livremente sua experiência (representação) em cada um dos procedimentos realizados. Assim, sem grandes interferências, o paciente vai compartilhando alguns dados da sua estrutura de pensamento. Pode ser possível observar sua estruturação do raciocínio, a linguagem, buscas, axiologias, emoções, pré-juízos, verdades subjetivas. Uma aproximação, pela via da interseção, para tentar conhecer melhor a pessoa a partir dela mesma.

Alguns pacientes são muito questionadores (*argumentação derivada em filosofia clínica*), outros pesam prós e contras da cirurgia (*esquema resolutivo*). Existem aqueles que já pesquisaram tudo na internet. Os que buscam a descrição exata, com requinte de detalhes, sobre seu procedimento, do início ao fim (*roteirizar*). Alguns sugerem condutas ao médico (*atalhos*), outros colocam tudo nas mãos da equipe, confiam e esperam os resultados (*em direção ao desfecho*), também há aqueles com ideias preconcebidas, em relação à cirurgia e anestesia (*pré-juízos*).

As indicações grifadas acima, em itálico, são meramente expositivas, introdutórias e superficiais; no entanto, servem para dar uma noção sobre os indícios da estrutura de pensamento (termo utilizado para descrever a singularidade, envolvendo tudo aquilo que está na malha intelectiva da pessoa), obtida através de uma rápida anamnese em que não se direcione, nem apresse a conversa, onde a essência seja a expressividade do partilhante em interseção com o acolhimento do terapeuta.

A partir de uma leitura aproximada da representação do mundo do outro pode ser possível auxiliá-lo mais e melhor, oferecendo procedimentos específicos a cada caso. Cabe ressaltar dois pontos importantes: a) Existencialmente falando, um procedimento clínico mal-indicado em filosofia clínica poderá ser tão fatal na estrutura de pensamento da pessoa quanto um descuido técnico anestésico pode ser para o corpo físico. b) Teoricamente, na prática nem sempre o tempo médio de uma consulta é de 45 minutos, praticamente inviabilizando uma abordagem subjetiva de maior alcance, mesmo o anestesiologista possuindo aptidão e treinamento.

Dependendo da situação e contexto, pode-se lançar mão de um procedimento clínico chamado: "reconstrução". A partir de alguns dados da entrevista inicial, procura-se algum aspecto adjacente da história do paciente, de onde se consiga abordar eventos subjetivamente relevantes da sua caminhada existencial. É preciso que o paciente seja suscetível a esse tipo de reconstrução.

Dona Odete relata que na última operação de cesariana teve uma sensação muito ruim, vomitou demais no pós--operatório. Também sofreu com os tremores que lhe deixaram dolorida por alguns dias. A reconstrução se apoiaria numa matéria-prima próxima ao procedimento anestésico-cirúrgico, a partir da qual se buscaria situações agradáveis para inserir naquele contexto descritivo da cesariana, qualificando-a. Exemplo: "Com quantos quilos nasceu seu filho?", "Mamou logo que nasceu?", "Como foi o primeiro banho?", "Filmaram o procedimento?", "Seu companheiro estava junto no nascimento?", "Qual o nome do menino?", "Como ele está agora?"

A preocupação do profissional, ao inserir elementos positivos àquela anestesia, é reconstruir de uma maneira mais agradável a experiência e as recordações da paciente.

Um cuidado extremo nesse procedimento é evitar inserir eventos desagradáveis, pois pode resultar em algo pior do que se tinha. Antes de perguntar sobre o companheiro, por exemplo, é recomendável saber a situação do casal (historicidade), pois a reconstrução de uma separação poderia ser danosa neste momento.

Muitos pacientes costumam relatar medo da anestesia. Assim é possível, de acordo com as especificidades envolvidas, propor um "percepcionar" com esse medo. Pode-se iniciar com um enraizamento, junto ao paciente, buscando detalhes sobre a origem e desdobramentos do medo. Montar uma cena onde o medo possa ser vivenciado com segurança, de preferência tridimensional, onde cheiros, luzes, sons, toques possam ser "sentidos".

Ao aprofundarmos a pesquisa, podemos descobrir que o medo, antes algo imenso, maldefinido, referindo-se à escuridão, sons assustadores, tamanho da injeção, temperatura gelada na sala de cirurgia, pode ser desconstruído, ressignificado em algo mais palpável, acessível, introduzindo elementos de maior segurança ao paciente para enfrentar seus desafios.

Em breve, computadores sofisticados e precisos serão capazes de calcular doses anestésicas de acordo com sua farmacocinética e adequá-las aos sinais vitais obtidos em ultramonitores, minimamente invasivos. Todo esse avanço tecnológico pode se tornar inócuo. Esses mesmos aparelhos serão impessoais e assustadores para os pacientes. Frios, surdos, mudos. Talvez alguns até falem. A quem caberá o papel humanizador no processo cirúrgico? Quem será o elo de ligação das novas tecnologias com o mundo do paciente? O anestesiologista, a enfermagem, psicólogos, filósofos clínicos? Quem fará a diferença nesse contexto?

Transformar a sala de cirurgia, fria e impessoal, em um berço aconchegante; converter uma conversa pré-operatória, geralmente recheada de ansiedade, em uma canção de ninar, é uma arte para poucos. Dependendo de quem e como se diz, um "dorme bem" pode valer muito. O paciente dorme e acorda sorrindo.

11
Visita de médico

A medicina é uma das profissões mais procuradas e reconhecidas em todo o mundo. Ao mesmo tempo, uma das mais vilipendiadas por diversos setores. A insatisfação atinge muitas instâncias: pacientes, familiares, médicos, enfermeiros, hospitais, planos de saúde, indústria farmacêutica, indústria diagnóstica, sociedade. Paradoxalmente, sobram candidatos em busca de uma chance nesse campo profissional, talvez seduzidos pelas possibilidades de um papel existencial com múltiplas faces.

A tradição da medicina, vista como uma atividade humana especial, pressupondo virtudes como humildade, honestidade, integridade intelectual e compaixão, constitui uma das formas de atração aos candidatos à posição de médico. Um encantamento econômico e social, destacando a figura do médico com um *status* superior, um futuro promissor e garantido, também estimula os estudantes e provoca um deslumbramento simbólico e lúdico, no qual o doutor é o rei, o hospital o castelo, os pacientes os súditos.

Ao ingressar na faculdade, o calouro é doutrinado com o mantra sagrado de que a medicina é um sacerdócio que vai obrigá-lo a renunciar a vários prazeres mundanos. Do jovem estudante é exigido tempo integral, dedicação exclusiva e domínio ao extremo de disciplinas fundamentais como anatomia, fisiologia e farmacologia, condição essencial para ser um bom profissional. O horizonte estudantil passa a ser demarcado unicamente pelo saber biológico, alienando o jovem estudante, durante os seis anos de sua graduação, da possibilidade de uma visão mais ampla do universo.

Mais tarde, no internato e residência médica, trabalho árduo e ininterrupto com os pacientes. Horas e horas de plantão, refeições intercaladas com intercorrências clínicas, sono atrasado ou interrompido. O mundo fica restrito ao cenário hospitalar, onde o recém-formado vive a angústia diária e rotineira de uma sobrecarga de trabalho, posicionado na linha de frente de instituições precárias, associada à incerteza de um mercado profissional altamente competitivo. Não é por acaso que os indicadores da saúde dos jovens médicos mostram desvios importantes.

De uma maneira ou outra, essa visão estrita e tecnicista acaba por influenciar a maneira de agir dos novos profissionais, agora atendendo em suas clínicas. O avanço técnico-científico e a pesquisa médica ainda exercem uma sedução ilimitada, como se fossem novas matérias a serem aprendidas na faculdade. Casos raros, inusitados ou atípicos são mais valorizados, em detrimento de situações comuns, consideradas corriqueiras.

Modernos aparelhos diagnósticos, sofisticados exames de laboratório, medicamentos inovadores, técnicas cirúrgicas inéditas são apresentados e assimilados sem nenhuma criticidade ou reflexão, muitas vezes, a partir do senso comum ou pressões externas. É escasso o tempo para avaliar a qualidade e o crescimento das publicações científicas. Num cenário com tais apelos, a habilidade para a escuta atenta e o acolhimento de um sofrimento torna-se um apelo menor, ainda que suas consequências sejam visíveis e dramáticas.

Há uma evidente relação entre a complexidade cada vez maior da medicina e a despersonalização do atendimento médico. Vejamos, inicialmente, como acontece a escolha do médico. A relação inicial costuma ser com o plano de saúde. O paciente procura o profissional, em grande parte, por esse pertencer ao corpo clínico de seu convênio.

A partir daí ocorre uma intermediação fria e insensível entre médico-convênio-paciente, sempre nesta ordem. O plano de saúde (convênio) cobra uma espécie de pedágio para comercializar o ato médico. Exige consultas rápidas, remunera indevidamente, não autoriza determinados procedimentos, fazendo com que o atendimento seja confundido com uma linha de produção de diagnósticos e receitas médicas.

Um complexo e custoso aparato tecnológico, voltado especialmente para diagnósticos ou terapêutica, também se interpõe em torno da relação que deveria ser apenas entre duas pessoas: médico e paciente. Corporações industriais ou de serviços, hoje em dia essenciais nas rotinas clínicas, costumam ser as detentoras do poder, ditando regras, cerceando a atividade dos profissionais da saúde e redefinindo as características peculiares e originais da relação médico-paciente.

Ainda no âmbito do encontro clínico, o discurso do paciente geralmente é imaginário, representativo, centrado em fragmentos, experiências, projeções, medos, localizando-se em uma zona obscura. O terapeuta, em razão de sua profissão, geralmente é visto como alguém que lida com saúde/doença, vida/morte, e costuma ser posicionado numa condição superior, diferenciada dos demais cidadãos.

Por vezes, essa visão equivocada de um saber mágico faz o médico assumir um papel de previsor do futuro, detentor de uma posição acima da condição humana, exercendo poderes de predição aos seus pacientes. O mais grave é que essas profecias podem ser significadas e vivenciadas com tanta intensidade por pacientes e familiares que podem, eventualmente, se autorrealizarem.

No outro lado do discurso, o médico pode ser enquadrado como irresponsável, culpado, bode expiatório, charlatão, acusado de negligência, imperícia, imprudência em casos de doenças insolúveis ou com evolução desfavorável. Geralmente, quem se cura e fica bem, agradece mais a Deus que à medicina. Em casos contrários, culpa-se mais facilmente o médico que a morte ou o destino, esquecendo-se as demais circunstâncias.

Entre um discurso e outro, apesar de todos os avanços científicos, o paciente precisa saber se durante a consulta vai estar diante de um médico ou um fantasma. Necessita ter confiança para saber se pode entregar sua intimidade e suas queixas de corpo e alma a um profissional capaz, que realizará uma escuta clínica ou a alguém insensível, indiferente, prepotente e desleixado. Às vezes, a última esperança do paciente e familiares está na consulta com o médico, e essa oportunidade é perdida, sem que nenhuma das partes consiga reconhecer o que estava em jogo.

Depois de oferecer um vislumbre sobre os planos de saúde, indústria farmacológica e pacientes dentro do contexto do atendimento clínico, cabe agora nos dedicarmos ao outro elo da corrente, o lado considerado mais sábio, outrora o mais poderoso. O médico, personagem treinado, desde cedo, a trabalhar num complexo equilíbrio entre uma posição de distanciamento do paciente (preservando seu *status*, sua capacidade de julgamento e seu próprio bem-estar) e a aproximação necessária para compreender o paciente e sua condição diante da doença.

O princípio do distanciamento, mesmo destituído de qualquer base científica, foi sendo assimilado pela classe médica, e, lenta e silenciosamente, levou certos médicos a enterrarem suas emoções. Confundiram contenção de afetos com profissionalismo, deixaram de se emocionar e perderam o direito de chorar com as vivências nos corredores das enfermarias e unidades de tratamento intensivo.

Não entenderam que as técnicas de anamnese e exame físico aprendidas na faculdade deveriam servir para aproximar o paciente e não como um meio de evitar a proximidade. Uma espécie de assepsia emocional, anestesiando afetos, sentimentos malditos e tristezas que costumam acompanhar o sofrimento dos enfermos. Nesse sentido, instala-se um silêncio entre o sofrimento quase indizível do paciente e aquele que escuta, sujeito suposto da cura e conhecedor dos remédios.

Em uma consulta inicial, mesmo com duração adequada, é difícil alcançar uma boa qualidade da interseção, capaz de uma fina sintonia entre paciente e médico. Ao contrário, cada qual enseja, inicialmente, um monólogo permeado por saberes, crenças, juízos de valor e subjetividades.

Assim instaura-se um não lugar, e, consequentemente, um não encontro, semelhante ao não saber pregado por Sócrates – "Só sei que nada sei!" Dessa condição de dupla ignorância entre médico e paciente, surge a necessidade do exercício da fala e da escuta entre ambos, que pode ou não ultrapassar as cortinas das línguas e das palavras. Para uma conversa se transformar num encontro, perguntas e respostas podem não bastar. A maior parte dos eventos ainda não encontrou um vocabulário para se traduzir, é inexprimível e ocorre num espaço onde nenhuma palavra jamais pisou.

Quase nunca o tempo é o responsável pela falta de afeto na consulta médica. Dez ou quinze minutos de acolhimento, atenção integral e escuta efetiva, facilitando a condução discursiva do paciente, sem julgá-lo como tolo, inverossímil ou absurdo podem contribuir para a fidelização do tratamento e deixar saudade, mesmo se tratando de atendimentos na rede pública.

O que o paciente não mais aceita é a hora inteira de consulta médica, sem um único gesto de acolhimento, proximidade existencial ou abraço de olhares. Insensibilidade e indiferença não criando a possibilidade de um encontro de qualidade. Gestos como um aperto de mão, afago na cabeça de uma criança, toque delicado ao realizar um exame, respeito à privacidade do corpo-história do outro, podem, em poucos instantes, redefinir o curso de uma enfermidade e valer uma vida.

Fica difícil entender como um profissional da saúde, trabalhando em média 10 horas diárias, contendo-se a todo instante para não expressar emoções, sensações, afetos, insegurança, poesia e arte, possa cuidar de si mesmo e dos outros. Na intenção de preservar seu *status* e condição de proprietário do saber e promotor da saúde, certos médicos terminam por estreitar e por vezes anular a criança, o criador e a experiência de um cotidiano de alegrias. Seus corpos tornam-se blindados, fechados à visitação de afetos, ausentes, isolados e sem linguagem acessível. Qual o risco de sentir? Por que tanto medo ou dificuldade de se envolver, se deixar encontrar? Que poder é esse que submete quem o detém?

Como pretender, de um profissional isolado, ensimesmado, que tenha condições de fazer alguma diferença na vida das pessoas? Falta-lhe bagagem existencial, falta-lhe viver o outro. A célebre expressão "visita de médico" não surgiu à toa, reflete um atendimento sem envolvimento, que se resume praticamente a um "Olá" seguido de um "Adeus".

Depois de encerradas as perguntas protocolares, muitas vezes, por não saberem fazer mais nada além de seu papel existencial, alguns profissionais utilizam a desculpa de uma agenda lotada para sair correndo de onde acabaram de chegar. Poderiam aproveitar a ocasião para se aproximar das pessoas, descobrir seus contextos de vida e ir além das possibilidades de uma fórmula química ou das leis da física. O resultado dos exames, os sinais e sintomas são parte e não o todo do problema.

O médico nada perde em termos de confiança quando revela prudência ao ouvir e cautela ao receitar. Talvez o mais importante, e, ao mesmo tempo, mais difícil para o médico seja simplesmente continuar fazendo perguntas interessantes, e ir trilhando o caminho por onde as respostas levarem. Um dia, esse interrogatório aparentemente singelo e despretensioso conduzirá a lugares extraordinários e fascinantes, jamais alcançáveis em uma visita apressada de médico.

Agradecimento

Beto Colombo
Hélio Strassburger
James Manica
Lúcio Packter

Indicações de leitura

AIUB, M. *Para entender filosofia clínica* – O apaixonante exercício do filosofar. São Paulo: Wak, 2005.

ALVES, R. *O anestesista* [s.d.] [Disponível em http://www.ildomeyer.com.br/2009/11/o-anestesista_03.html].

AMARO, F.A.T. & SASS, S.D. "Um estudo sobre a singularidade do adoecimento psíquico". *Revista Horizonte Científico*, vol. 7, n. 1, 2013. Uberlândia.

ARANTES, A.C. *Por uma morte com menos sofrimento* [s.d.] [Disponível em http://vencerocancer.com.br/noticias/por-uma-morte-com-menos-sofrimento/].

_____. *A morte é um dia que vale a pena viver* [s.d.] [Disponível em http://www.youtube.com/watch?v=ep354ZXKBEs].

BARROS, L. *Família, saúde e doença*: A intervenção dirigida aos pais. Lisboa: Universidade de Lisboa, [s.d.] [Disponível em http://repositorio.ipl.pt/handle/10400.21/768].

BATISTELLA, C. *Saúde, doença e cuidado*: complexidade teórica e necessidade histórica [s.d.] [Disponível em

http://www.epsjv.fiocruz.br/pdtsp/index.php?livro_id=6&
area_id=4&autor_id=&capitulo_id=13&arquivo=ver_
conteudo_2].

BIRMAN, J. *Médico e paciente*: relação de impasse e silêncio [s.d.] [Disponível em https://www.facebook.com/editora.doc.5/posts/651521024882660*]*.

CARVALHO, J.M. *Diálogos em filosofia clínica*. São Paulo: Filoczar, 2013.

_____. *Filosofia clínica*: estudos de fundamentação. São João del Rei: UFSJ, 2006.

COLOMBO, B. *Até onde vai seu corpo?* [s.d.] [Disponível em http://www.betocolombo.com.br/artigos/ver/ate-onde-vai-o-seu-corpo--520].

CORREA, S.Â. *As expressões da singularidade e as categorizações universais*. São Paulo, 2013 [Curso básico de formação em Filosofia] [Disponível em http://instituto intersecao.com.br/artigos/Suely/Tcc%20%20Suely%20final.pdf].

COSTA, C.M. *Filosofia clínica*: epistemologia e lógica. São Paulo: Filoczar, 2013.

CUNHA, F. *Deusas, bruxas e parteiras*. Porto Alegre: Sólivros, 1994.

DAUSACKER, A.M. *Percepcionar e filosofia clínica* [s.d.] [Artigos de filósofos clínicos e de estudiosos de filosofia clínica] [Disponível em http://anfic.org/percepcionar-e-filosofia-clínica/].

FÉLIX, C. *O Impacto da doença crônica na família* [s.d.] [Disponível em http://www.psicologia4u.com/o-impacto-da-doenca-cronica-na-familia/].

FERNANDES, J.L. *Por que seu médico lhe atende tão rápido* [s.d.] [Disponível em http://www.apmsjc.com.br/artigos/consulta-rapida.htm].

FOUCAULT, M. *Microfísica do poder*. Rio de Janeiro: Paz e Terra, 2014.

_____. *O nascimento da clínica*. Rio de Janeiro: Forense Universitária, 2013.

FREITAS, G.G. *O esquema corporal, a imagem corporal, a consciência corporal e a corporeidade*. Ijuí: Unijuí, 1999 [Disponível em http://www.trabalhosfeitos.com/ensaios/Resenha-Do-Livro-o-Esquema-Corporal/54661959.html].

GONÇALVES, M. *O homem e sua corporeidade na história da filosofia* [s.d.] [Disponível em http://edfisica tambemeleitura.blogspot.com.br/2012/01/o-homem-e-sua-corporeidade-na-historia.html].

GOYA, W. *A escuta e o silêncio* – Lições do diálogo na filosofia clínica. Goiânia: Puc Goiás, 2010.

LEE, F. *Se Disney administrasse seu hospital* – 9½ de coisas que você mudaria. Porto Alegre: Bookman, 2012.

LOWN, B. *A arte perdida de curar*. São Paulo: Peirópolis, 2008.

MACHADO, A.M. et al. *Você pode me ouvir, doutor?* – Cartas para quem escolheu ser médico. 2. ed. Campinas: Saberes, 2011.

MARTINS, K.L. *Corporeidade*: uma expressão da comunicação humana como possível vertente da fonoaudiologia. Piracicaba: Universidade Metodista de Piracicaba, [s.d.] [Disponível em https://www.unimep.br/phpg/bibdig/pdfs/2006/EHBJSOJGNUQB.pdf].

MELLO FILHO, J. & BURD, M. *Doença e família*. São Paulo: Casa do Psicólogo, 2007.

PACKTER, L. *Semiose*: aspectos traduzíveis em clínica. São Paulo: Filoczar, 2014.

_____. *Ana e o Dr. Finkelstein*. Florianópolis: Garapuvu, 2003.

_____. *Propedêutica* – Filosofia clínica. Florianópolis: Garapuvu, 2001.

PÉPIN, C. *Los filósofos en el diván – Cuando Freud se encuentra com Platón, Kant y Sartre*. Buenos Aires: Claridad, 2009.

REHFELD, A. "Corpo e corporeidade: uma leitura fenomenológica". *Revista de Psicologia do Instituto de Gestalt de São Paulo*, n. 1, 2004 [Disponível em http://www.fenoegrupos.com/JPM-Article3/pdfs/rehfeld_corpo.pdf].

ROSSI, R. *Ser terapeuta*. Petrópolis: Vozes, 2015.

SCHWARTSMANN, G. *Frederico e outras histórias de afeto*. Porto Alegre: Libretos, 2013.

SERFSTROM, R. *Doente, normal ou eu?* [s.l.]: Instituto Sul-Catarinense de Filosofia Clínica, 2012 [Artigos de filosofia clínica] [Disponível em http://www.filosofiaclinicasc. com.br/artigo/doente-normal-ou-eu-118].

STRASSBURGER, H. *Pérolas imperfeitas* – Apontamentos sobre as lógicas do improvável. Porto Alegre: Sulina, 2012.

_____. *Filosofia clínica* – Diálogos com a lógica dos excessos. Rio de Janeiro: E-papers, 2009.

_____. *Filosofia clínica* – Poéticas da singularidade. Rio de Janeiro: E-papers, 2007.

TEIXEIRA, M.Z. *Homeopatia*: ciência, filosofia e arte de curar [s.d.] [Disponível em http://www.homeozulian. med.br/].

VRIES, K. *Sexo, dinheiro, felicidade e morte* – A busca por autenticidade. Porto Alegre: Bookman, 2012.

WALTER, C. *Polegares e lágrimas e outras peculiaridades que nos tornam humanos*. Rio de Janeiro: Record, 2009.

YALOM, I.D. *Os desafios da terapia* – Reflexões para pacientes e terapeutas. Rio de Janeiro: Ediouro, 2006.

ZAGURY, L. *A dimensão humana da medicina* [s.d.] [Disponível em http://www.facebook.com/editora.doc.5/posts/651517288216367.

CULTURAL

Administração
Antropologia
Biografias
Comunicação
Dinâmicas e Jogos
Ecologia e Meio Ambiente
Educação e Pedagogia
Filosofia
História
Letras e Literatura
Obras de referência
Política
Psicologia
Saúde e Nutrição
Serviço Social e Trabalho
Sociologia

CATEQUÉTICO PASTORAL

Catequese
Geral
Crisma
Primeira Eucaristia

Pastoral
Geral
Sacramental
Familiar
Social
Ensino Religioso Escolar

TEOLÓGICO ESPIRITUAL

Biografias
Devocionários
Espiritualidade e Mística
Espiritualidade Mariana
Franciscanismo
Autoconhecimento
Liturgia
Obras de referência
Sagrada Escritura e Livros Apócrifos

Teologia
Bíblica
Histórica
Prática
Sistemática

REVISTAS

Concilium
Estudos Bíblicos
Grande Sinal
REB (Revista Eclesiástica Brasileira)
SEDOC (Serviço de Documentação)

VOZES NOBILIS

Uma linha editorial especial, com importantes autores, alto valor agregado e qualidade superior.

VOZES DE BOLSO

Obras clássicas de Ciências Humanas em formato de bolso.

PRODUTOS SAZONAIS

Folhinha do Sagrado Coração de Jesus
Calendário de mesa do Sagrado Coração de Jesus
Agenda do Sagrado Coração de Jesus
Almanaque Santo Antônio
Agendinha
Diário Vozes
Meditações para o dia a dia
Encontro diário com Deus
Guia Litúrgico

CADASTRE-SE
www.vozes.com.br

EDITORA VOZES LTDA.
Rua Frei Luís, 100 – Centro – Cep 25689-900 – Petrópolis, RJ
Tel.: (24) 2233-9000 – Fax: (24) 2231-4676 – E-mail: vendas@vozes.com.br

UNIDADES NO BRASIL: Belo Horizonte, MG – Brasília, DF – Campinas, SP – Cuiabá, MT
Curitiba, PR – Florianópolis, SC – Fortaleza, CE – Goiânia, GO – Juiz de Fora, MG
Manaus, AM – Petrópolis, RJ – Porto Alegre, RS – Recife, PE – Rio de Janeiro, RJ
Salvador, BA – São Paulo, SP